季刊 考古学 第22号

特集 古代の都城 ─飛鳥から平安京まで

- 口絵（カラー） 斉明朝の饗宴─石神遺跡
  - 都城の成立─藤原宮と平城宮
  - 都城の瓦窯
- （モノクロ） 飛鳥の宮跡　　　前期難波宮
  - 貴族の邸宅　　　都城の土器1
  - 都城の土器2　　　木　簡
  - 人形の世界　　　平城京の寺と平安京の寺

都城の歴史的意義 ──────── 町田　章 (14)

都城制の展開

　宮から京へ ──────── 清水真一 (18)
　都城の定型化 ──────── 井上和人 (23)
　都城の爛熟と衰退 ──────── 永田信一 (28)

都城の構成

　内裏と朝堂 ──────── 小林謙一 (34)
　官庁街のパターン ──────── 川越俊一 (39)
　宅地利用の実際 ──────── 本中　真 (43)
　都城の寺院 ──────── 上原真人 (48)

都城の生活
官人の文書業務 ―――――――――― 綾村　宏 (53)
建設資材の調達 ―――――――――― 毛利光俊彦 (58)
宅地と住宅 ――――――――――― 山岸常人 (64)
官給食と家庭の食事 ―――――――― 巽淳一郎 (69)
穢の防止対策 ――――――――――― 金子裕之 (75)

都城制の周辺
土地と建物の尺度 ――――――――― 伊東太作 (79)
条坊制と条里制 ―――――――――― 木全敬蔵 (83)
中国都城との比較 ――――――――― 町田　章 (87)

最近の発掘から
小治田宮に関係する遺跡 奈良県雷丘東方遺跡 ――― 北村憲彦・大佐古俊孝 (91)
武蔵国分寺創建期の遺跡 東京都武蔵台遺跡 ――― 早川　泉・河内公夫 (97)

連載講座 日本旧石器時代史
7．細石刃文化の編年と地域性 ――――――― 岡村道雄 (99)

書評 ―――― (105)
論文展望 ――― (108)
文献解題 ――― (110)
学界動向 ――― (112)

表紙デザイン・目次構成・カット
／サンクリエイト

石神遺跡の遺構　飛鳥時代の宮殿では，建物や塀のまわりや広場などを大小の玉石で舗装整備することが特徴的である。

斉明朝の饗宴——石神遺跡

石神遺跡は飛鳥寺の西北隅に接して，水落遺跡とともに飛鳥川右岸に展開する。噴水装置とみられる須彌山石・石人像が1902年に発見されてから，多くの人々に注目されてきた。1981年からの継続的な発掘調査によって，遺跡の様相が次第に明らかになりつつある。遺跡は複雑に重複するが，3時期に大別することができる。1期は石敷広場・石敷を伴う建物・井戸・石組溝，それらを区画する木塀などが配置され，斉明朝の饗宴の施設にあてられる。2期では石敷を伴う建物や井戸が中心になり，天武朝の飛鳥浄御原宮の1郭もしくは官庁的な施設に推定されよう。3期は藤原京時代の遺構。

各時期の遺物はかなり出土し，新羅製の土器や東北地方の黒色土器など各地の土器が多数持ち込まれており，この遺跡一帯が政治や経済の中心地であったことがうかがえる。

構　成／川越俊一
写真提供／奈良国立文化財研究所

7世紀後半の土器（黒色土器の口径は15cm）

都城の成立——藤原宮と平城宮

藤原宮北門から太極殿・朝堂院を望む

　藤原京は奈良時代の耕地整理である条里地割によって完全に隠滅する。象徴的に残っていた太極殿の基壇を手掛かりにして賀茂真淵が考証して以来、大和国高市郡鴨公村字高殿の地に中心点が想定されてきたが、宮と京の範囲については長らく論争がくりかえされる。しかし、戦前に足立康らが行なった日本古文化研究所による発掘調査によって宮域の中枢部がほぼ明らかにされた。戦後の調査では、宮域の範囲を確認する調査と相まって市街地である京域の調査が積極的に進行し、いくつかの問題を解明してきた。しかしながら、その反面これまでに考えられなかった新しい問題が提起されている。

　　　　　構　成／町田　章　　写真提供／奈良国立文化財研究所

平城宮第2次太極殿付近

平城京は藤原京を拡大し整備した都城。
平城京はなぜか長岡京遷都後も条里制の地割によって,地形が変更されることがなく,1200年前の都市区画が現在まで伝えられてきた。幕末の北浦定政にはじまる歴史地理的な地上観察によって,京域の範囲はほぼ復元され,それは発掘調査によってほぼ確認される。近年における発掘調査の進展によって,宮域内における宮殿や官庁の細かな利用状況,あるいは京域内における邸宅・住宅などの利用状況について新しい知見が飛躍的に増大し,古代史研究のために大きな展望を開きつつある。

都城の瓦窯

平城宮官窯──中山瓦窯

平安宮官窯──西賀茂瓦窯

都城の周辺には宮殿や寺院へ多量の瓦を供給するために、官営の瓦屋が設けられていた。官営の瓦屋は、通常数十人の工人と多数の雑役夫で構成され、10基程度の瓦窯を操業させていたと推測される。
藤原宮や平城宮の初期の官窯（中山瓦窯）では、床面が傾斜する登窯と床面が平坦で奥行の長い平窯とが併用されたが、中期には奥行より間口が広い平窯となり、末期頃にはロストル式平窯が出現し、平安宮の官窯に継承された。

構　成／毛利光俊彦　　写真提供／奈良国立文化財研究所・古代学協会

飛鳥の宮跡

上之宮遺跡　桜井市教育委員会提供

奈良盆地の南部には古代の宮跡伝承地が各地にのこっている。しかしながら，本格的な発掘調査がなされ，内容が明らかなものは飛鳥板蓋宮伝承地などごく少数にすぎない。

桜井市の上之宮遺跡は，1987年の調査で新たに発見された遺跡。聖徳太子が幼年期を過ごした「上宮」に当たるのではないかということで，大きくマスコミにとりあげられた。遺跡は意外と小さく，50×80mぐらいの範囲。主殿・付属屋・石溝からなる。6世紀後半の豪族の居館か。明日香村にある水落遺跡は空濠を巡らし入念な基礎工事を施し，水を引き込んだ遺構の状況から天智天皇が造った漏刻台にあてられた。この遺跡の東南方に須彌山と道祖神が出土した石神遺跡が広がる。

構　成／清水真一

飛鳥水落遺跡　奈良国立文化財研究所提供

前期難波宮

朝堂院南門西半分

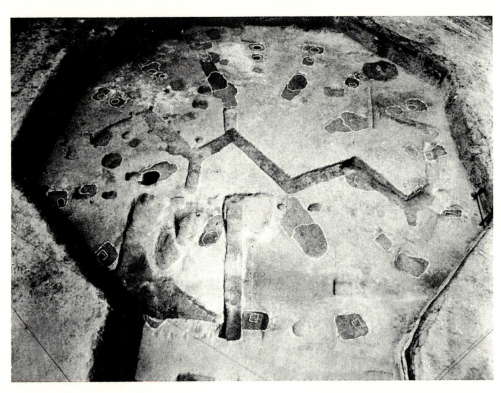

八角殿

構　成／八木久栄
写真提供／大阪市
　　　　　文化財協会

前期難波宮は火災の痕跡があり，天武紀朱鳥元年（686）に焼失した難波宮に比定され，孝徳天皇の難波長柄豊碕宮に遡ると推定されるものである。建物はすべて掘立柱建てで，屋根瓦は用いておらず，殿舎配置は内裏と朝堂院が一体化しているところに特徴がある。

八角殿は内裏南門（7間×2間）の西方にあって，柱列を三重に巡らし，一辺が7.25mの大きな建物である。楼閣，鐘楼，仏殿などが考えられる。朝堂院南門は5間×2間で，東西23.35m，南北8.76mの規模があり，柱の直径は約70cmである。

貴族の邸宅

藤原京右京七条一坊西南坪
奈良国立文化財研究所提供

藤原京の一坪宅地（上）発掘区中央の柱穴群が正殿，その右方の発掘区北端にかかって後殿，左上に門と塀がある。藤原京内で一坪宅地のほぼ全容が明らかになったのはこれが初めてであり，しかも坪内に広い前庭部をとって整然と建物が並ぶ点でそれ以後の住宅と連なる要素が大きい。

平安京の一坪宅地（下）右よりに正殿，その下に脇殿がある。そのほか，これらをとり囲む溝や井戸などが発見されている。藤原京の例と似た敷地内構成をとるが，寝殿造の形により類似した建物構成となり，その祖形として注目されている。

構　成／山岸常人

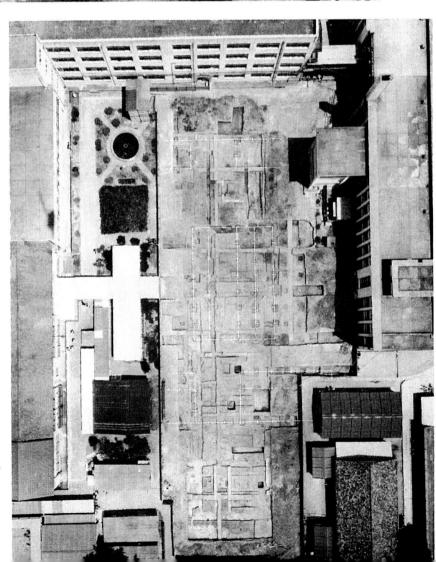

平安京右京一条三坊九坪
（京都府立山城高校敷地内）
京都府教育委員会提供

都城の土器 1

7・8世紀の土器群 下から順に飛鳥宮・藤原京・平城京時代の土器。7世紀の初め、畿内中枢部では大陸文化の影響を受け、土器様式が一変する。鋺形器形と法量による器種分化の出現をもって特徴づけられる金属器指向の土器様式の成立である。その後の律令国家体制の整備とそれを支えた大量の官人層の存在、そして宮廷・官衙における特殊な生活形態を背景に、規格性のある多種多様な器種が作られた。

構 成／巽淳一郎
写真提供／奈良国立文化財研究所

都城の土器 2

9世紀初めの土器群（上）（平安宮左兵衛府の溝SD04出土）土師器・黒色土器・須恵器からなり，磁器系器形を写した灰釉陶器や緑釉陶器はまだ出現していない。各器種は依然として奈良時代的な趣きをとどめるが，前代に較べ器種が著しく減少し，須恵器の食器に占める割合も極めて低くなっている。また，製作工程の合理化と特定器種の量産化が急速に進行し，粗悪な製品が目立つようになった。

10世紀中頃の土器群（下）（平安京右京二条三坊十五町の溝出土）土器組成に新たに灰釉陶器・緑釉陶器・輸入磁器（青磁・白磁）が加わるが，土師器の量に比べ極めて少量である。各土器とも製作工程の簡略化がさらに進展するとともに，土師器・黒色土器が食器と煮沸具，須恵器が調理具と貯蔵具，陶器が磁器系器形の食器というかたちで，各焼物間に器種別分業生産が極度に進行している状況がうかがえる。

構 成／巽淳一郎
写真提供／京都市埋蔵文化財研究所

1
大寶三年十一月十二日御野國楡皮十斤
（藤原宮跡出土）

2
・但鮭者速欲等云□
・以上博士御前白　宮守官
（藤原宮跡出土）

3
・造酒司符　若湯坐少鎌
　　　　　　長等犬甘名事
・直者言從給狀知必番日向〔参ヵ〕
　　　　　　　　　　　日置藥
（平城宮跡出土）

4
・東三門　額田　林　神
　　　　　各務　漆部　秦　日下部　北門
　　　　　　　　　　　北府縣　北府
・合十人　　　　　　　　　　　大伴□〔結〕
　　　　五月九日食司日下部太万呂狀　　服
（平城宮跡出土）

5
・若狹國遠敷郡青里秦人果安調塩三斗
・天平勝寶七歳八月十七日量豐嶋
（平城宮跡出土）

木　簡

木簡には文書木簡と付札木簡がある。文書木簡は短冊型で，付札木簡には切り込みなどがみられる。
1　冒頭に日付がくる美濃国から貢進された楡皮の付札。2　「宛先の前に曰す」様式の上申文書。3　造酒司が配下の番長に参向を命じた下達文書の符。4　門守衛の兵衛10人の食料請求文書。肩に合点のある人名もある。5　若狭国から調として貢進された塩の付札。裏に「量（＝秤量）」した人の署名がある。

　　構　成／綾村　宏
　　写真提供／奈良国立文化財研究所

人形(ひとがた)の世界

人形は人間の形代として，祓，療治から呪い，和合，離別という人間の愛憎すべてに万能であった。
奈良・平安時代の人形は，都人の穢祓いに威力を発揮した。都大路の溝などから，大祓に役人たちが流した無数の人形が出土する。ここには銀銅人形は天皇など，木製人形はそれ以下，との身分秩序が貫徹している。

構　成／金子裕之
写真提供／奈良国立文化財研究所
　　　　　京都市埋蔵文化財研究所

7世紀～9世紀の人形

藤原宮下層

平安京跡

平城京の寺と平安京の寺

平城京の寺（上）（薬師寺西塔跡から東塔を見る） 養老4年（720）には，平城京内にすでに48もの寺があったという。その筆頭が大安寺・薬師寺・元興寺・興福寺の4ヵ寺である。薬師寺では「白鳳伽藍の復興」に先立ち，金堂・西塔・講堂・回廊・中門・食堂・僧房・十字廊・南大門などが発掘調査され，中心部の全貌がほぼ判明した。

平安京の寺（下）（金剛心院釈迦堂跡の地業） 平安京内には，西寺・東寺以外の大寺院は造られなかったが，西郊の御室（おむろ），東郊の白川，南郊の鳥羽など，京周辺部には多数の寺が建立された。鳥羽の地にある金剛心院は田中殿にともなう寺で，釈迦堂跡では，石積で整然と区画した内部を粘質土と礫とで交互に版築していく特異な基壇構築法が明らかとなった。

　　構　成／上原真人
　写真提供／奈良国立文化財研究所
　　　　　　京都市埋蔵文化財研究所

季刊 考古学

特集

古代の都城 ―飛鳥から平安京まで

特集●古代の都城—飛鳥から平安京まで

都城の歴史的意義

奈良国立文化財研究所　町田　章
（まちだ・あきら）

中央における都城の成立は地方支配の拠点としての国府の創設と表裏の関係にあり，古代国家の骨格はここにととのうのである

1　都城の概念

　都城という歴史上の概念の初現としては，『日本書紀』天武元年（672）12月の詔に「都城宮室は一処に非ず，必ず両参に造らむ，故に先ず難波に都せんと欲す，ここをもって各々往きて，家と地とをたまわれ」とあるのが有名である。詔の文章は中国の古典に依拠しており，都城・宮室の概念も中国の用例にもとづくものである。中国の用例を見るために，諸橋の『大漢和辞典』をひもといてみよう。都城には「天子又は諸侯のみやこ。……みやこ。城のあるまち。まち」という説明がある。礪波護によれば，春秋時代では諸侯あるいは卿・大夫のまちをさし，王のみやこである王城，あるいは国と区別されたという。また，その場合，城郭で囲まれたまちであることが重要な要件になるともいわれる（「中国都城の思想」『日本の古代 9』中央公論社）。それでは都＝ミヤコをみてみると，「（イ）天子の常居の在る聚落。（ロ）先君の宗廟の在る聚落」といい，（イ）の典拠として『釈名』釈州国の「国城は都といい，都とは国君の居るところ，人の都会するところ」をあげ，（ロ）の古い用例として，『春秋左氏伝』荘公28年条の『凡そ邑に宗廟・先君の主有るは都といい，無きは邑という」をあげている。

　『日本書紀』では，皇都・都城をミヤコとよみ，同時に京・京師・京都もミヤコとよむ。白川静の『字統』によれば，「京の字義はアーチ状の門の形で，上に望楼などの小楼を設けてある形」といい，これを軍営や都城の入り口に建てて京観といったので，のちには京観と師旅のある国都を京師とよぶようになったという。つまり，字の意味からすれば，都のほうが具体的な広がりを意味し，京の方が国都の象徴的な用語ということになる。なお，和語のミヤコは「宮処」のことで，帝王の宮殿のあるところといわれ，城郭と宗廟の意味が欠落している。

　なぜうえのように，都城の字義にこだわるかというとそこには，明治時代につくられた近代的な「都市」という言葉の概念，たとえば「土地と直接関係のない産業に従事する人々の居住する都市的集落」という概念が，ただちに当てはまらないからである。つきつめていうならば，支配者である天皇の所在地が都であり，必ずしも都市的な空間を必須条件にしておらず，事実そのような使用例もある。しかしながら，宮と対比する意味で京・都城の語がひんぱんに使われるようになるのは7世紀後半からのことであり，そこには明らかに都市的な空間の確保が問題にされている。

　『日本書紀』神武紀には『日本書紀』編纂当時，すなわち7世紀後半代の都城建設に関する理念が次のように述べられている。「誠に皇都をひらき廓（ひろ）めて，大壮（おおとの）を規（はか）りつくるべし。……夫れ大人の制を立てて，義必ず時に随う。いやしくも民に利有らば，何ぞ聖の造（わざ）にたがわん，まさに山林を披き払い，宮室を経営（おさめつく）りて，恭みて宝位に臨みて，元元（おおみたからたち，人民）を鎮むべし。……然して後に，六合（くにのうち）を兼ねて都を開き，八紘を掩いて宇（いえ）にせんこと，亦可からずや」。こ

14

の詔は『文選』の「魏都賦」を潤色したものとされており，三国時代魏の首都であった鄴都をほめあげた賦の意味はかなりよく咀嚼されている。そして，この文章には藤原京・平城京などの造営を実際に促進し，可能なかぎり大陸の都城を日本に再現しようとした人々の都城建設の理念であったとみるべきである。六合とは天下四方のことで，八紘は八方の隅のことで全世界を意味する。つまり国家の領土的な統一を遂行するために，大壮＝宮室の建設と都の建設が必要不可欠のものとかんがえられているのである。

著名な和銅3年（710）の平城遷都の詔では「日を揆り，星瞻て，宮室を起し，世を卜い土を相みて，帝皇の邑を建つ，定鼎の基永く固く，無窮の業斯に在らん，……則ち京師は百官の府，四海の帰するところなり」とのべ，都城が皇帝の所在地であり，政治支配の中心であることをたからかに歌いあげている。このような都城を中核とする国家観は，中国大陸における隋・唐による強力な統一国家の成立，それによって引き起こされた朝鮮半島三国の再編成という激動の時代にもまれながら，日本の支配階級が東アジアの盟主ともいうべき隋唐の制度を採用した新しい施策であった。いうまでもなく，都城建設は壮麗さを競い人民を威圧する景観の創造であるが，その裏付けになるのが律令制度であり，人民の個別人身支配を意図する国家目的を遂行していくための舞台装置といえよう。中央における帝皇の邑・百官の府ともいうべき都城の成立は，地方支配の拠点としての国府・郡家の創設と表裏の関係にあり，ここに古代国家の骨格がととのうことになる。

2　宮と都城

天武朝以前の天皇は一代ごとに居所をかえ，地名をうえにつけて○○の宮とよんだ。たとえば，欽明天皇の磯城嶋金刺宮・推古天皇の豊浦宮などという。三省堂版の『時代別国語大辞典』では，ミヤ＝宮を「御殿。宮殿。天皇や后・皇子の住居。ミは接頭語。ヤは屋。」と説明されている。漢語の宮について『字統』では「△と呂に従う。△は廟屋，呂はその宮室の平面図で，室の相連なる形。……もと祭祀の行われる宮廟の称であった。のち居室の意となり」と述べられている。和語のミヤと漢語の宮との間には意味のずれがあり，『日本書紀』で都城と対になって使われてい

る「宮室」のほうが漢語的な意味が濃厚であるといえよう。

例の「魏志倭人伝」には，卑弥呼の宮室には楼観・城柵が巡らされ，武器を持った兵士が守衛したことが述べられている。近年になって，地方豪族の館に比定される堀や柵を巡らした古墳時代の遺構が各地で発見されているが，予想以上に規模の大きいものである。大和盆地でも雄略天皇の朝倉宮に推定する遺跡の一郭が発掘されている。しかしながら，現状では内部の使用状況まではよくわかっていない。471年に記録された「辛亥銘鉄剣」には「獲加多鹵大王の寺，斯鬼宮に存りし時」とあり，5世紀の雄略朝に大王の治所ないしは官衙を意味する「寺」が斯鬼宮にあったことをのべている。つまり，大王の私的生活空間と公的生活空間が，同じ場所に存在したことを記しているのである。倭の五王とよぶように大王家の権力が強固で絶対君主的な王権を確立する，4～5世紀の倭王朝の官衙ないしはそれをとりまく街区の状況について言及する考古資料を欠いており，今後の調査成果に期待する外はない。

天皇とその家臣団が国事をおこなう場所を朝廷と総称するのであるが，6世紀末から7世紀の初頃につくられた飛鳥地方の宮々のなかには朝廷が確実に定着し，政治・儀式に関する諸設備が当時流布していた漢語で表現されるようになる。これは，朝鮮半島の利権を軸として展開する国際外交の場として，日本の朝廷も整備をよぎなくされたことのあらわれなのであろう。

岸俊男は，『日本書紀』の推古16年（608）に隋使の裴世清が小墾田宮で国書を奉呈したときの記事，および同18年に新羅と百済の使節を応対したときの記事にもとづき小墾田宮の朝廷を想像し，つぎのようにのべる。「当時は，まず南門を入ると朝廷があり，その左右に大臣・大夫，あるいは皇子が座る庁（朝堂）が並んでいた。これが朝堂院で，その北側中央に大門（閤門）が開かれ，この奥に天皇の大殿があるという構造になっていた。朝参の礼法が定められた孝徳朝の難波の小郡宮も，宮の構造は小墾田宮とほぼ同様であったと推測される」（「日本都城制総論」『日本の古代9』）。

豊浦寺跡の下層に1時期古い豊浦宮跡の遺構が確認され，その範囲が東西100ｍ・南北200ｍ程度に推測されている。小墾田宮跡の園池を中心とする遺構も発掘され，また島宮の庭園遺構も次第

に明らかになっている。しかし，これらの宮では
いずれもまだ朝堂域まで発掘がおよんでいない。
もう一つ注目しなければならないのは，飛鳥地方
につくられた天皇の諸宮の大半は天皇家の権力が
相対的に低下する時期のものであるから，この時
期の宮域の規模をもって6世紀前半以前にまで遡
らせるのは危険である。

　6世紀から7世紀にかけての時期，飛鳥地方で
建設された宮のなかでもっとも内部の構造がよく
わかっているのが飛鳥板蓋宮伝承地の遺跡であ
る。この遺跡は上層遺構と下層遺構とに大別され
るが，その上層遺構を飛鳥板蓋宮にあてる説と飛
鳥浄御原宮にあてる説とがある。この遺跡は約
300m四方の北郭とその東南隅に隣接する約100
m四方の南郭（エビノコ郭）とからなる。北郭はさ
らに内郭と外郭にわかれる。亀田博などは5棟の
建物が規則的にコ字形に並ぶ南郭を国事をおこな
う大極殿と朝堂にあて，多くの建物が複雑に並ぶ
北郭の内郭を天皇の私的居住区である内裏にあて
る。

　岸俊男が推測した小墾田宮の朝堂とエビノコ郭
の遺構配置と決定的にちがうのは，大極殿相当建
物と朝堂相当建物との間に大門（閤門）が存在し
ないことである。岸俊男は小墾田宮と前期難波宮
とを比較して，大極殿と内裏とが緊密な関係にあ
ることを重視するが，飛鳥板蓋宮伝承地では，北
郭と南郭とが道路によって隔離されている。うえ
のことから直ちに亀田らに左袒できないところも
あるが，伝飛鳥板蓋宮の北郭が天皇の内裏的な居
住地であり，その外郭に天皇に奉仕する官人たち
の作業空間が設けられていたことは想像可能であ
る。とはいえ，6〜7世紀の諸宮の構造につい
て，一般的な宮と政府的な性格を帯びた朝廷をも
つ宮との間にどのような構造上の違いがあるの
か，ないのかということが今後の大きな課題にな
るであろう。

　断続的な発掘調査がなされている大津宮に対す
る林博通の復原案では，宮の中枢部が内裏と朝堂
院によって構成され，その建物配置は前期難波宮
や岸俊男が推定する小墾田宮に類似している。

　せまい飛鳥の谷平野にそって，南から島宮・飛
鳥板蓋宮伝承地・橘寺・川原寺・飛鳥寺・水落遺
跡・石神遺跡をあてはめてみると，後の藤原京の
南限を画するとされる東西にのびる山田道まで南
北約2kmの地域に宮殿・寺院が林立することに

なり，それぞれの施設に消長があるとはいえ多く
の人々が集まる都市的な景観が浮かび上がってく
る。天武朝の記事に倭京という言葉が散見する
が，このような自然発生的な街区を包括したうえ
でのいい方であろう。そして，その中心的な広場
が，7世紀の重要な事件の舞台として記録されて
いる飛鳥寺の西の槻下であった。つまり，7世紀
の中頃には，日本的な都城の祖形が飛鳥に芽生え
ていたのである。

3　計画的な都城の形成

　天武天皇と持統天皇の22年間，飛鳥浄御原宮に
皇居がおかれた。その所在地については，飛鳥板
蓋宮伝承地にあてる説と石神遺跡北方にあてる説
とがある。さきにものべたように，伝飛鳥板蓋宮
跡では天皇の居住空間を想定できるが，大極殿・
朝堂あるいは各種の官庁が存立する余地はなく，
さらにその存続中に拡大している可能性もかんが
えられる。一方，天武天皇の時代は天皇の権力が
強化され，律令によって人民の一元的な支配を貫
徹しようとする時代であるから，宮室の構造はそ
れにみあって整備されたとみるべきであり，おそ
らく藤原宮に至る過時的な宮殿官衙が形成されて
いる可能性がある。このような推測は近年明らか
になりつつある大津宮の状況からみても，より広
大な地域が確保できる石神遺跡北方にあてる説が
妥当と思われる。

　694年の藤原宮遷都以前に，藤原京と同じ基準
でつくられた大路・小路が整然と施工され，その
区画内につくられた建物群が，藤原京の発掘調査
をつうじて次第にあきらかになってきた。これが
藤原宮下層条坊である。この区画は真北に近い方
位をとり，いわゆる条坊制にもとづく計画的な地
割であり，日本でもっとも古い計画的な都市建設
といえる。さらに，岸俊男が想定した藤原京域の
外周からも藤原京の条坊道路と方位を揃える道路
側溝が発見されはじめ，大藤原京ともいうべき広
大な都城が想定されている。

　原藤原京ともいうべき藤原宮下層条坊について
の，施工年代あるいは性格の解釈には諸説あり，
倭京にあてたり，「新城」「新益京」（新たにました
みやこ）であったことをかんがえるなど各種の見
方があるがまだ不鮮明な部分が多い。大藤原京説
についても同様で今後検討を要する。ただし，『日
本書紀』の天武13年（684）の記事が「京師に巡行

し宮室の地を定む」という記事をすなおに読めば，すでに存在した都城地割の範囲内で宮室（宮城）の占地を決定したことになり，藤原宮の下層遺構の存在と矛盾しない。そして，さらに憶測を試みるならば飛鳥浄御原宮ないしは天武の計画した新しい宮室を中軸にして下層の条坊が設置されたのかも知れない。なぜならば，平城宮域内では条坊地割が存在せず，都城の建設ではまず宮室の位置が決定され，決定後は条坊とはことなる独自の地割がなされていることが証明されているからである。要するに，これまでいわれてきたように，7世紀の最末期に中国式の都城が藤原の地に忽然と姿を現わしたのではなく，その前段階として飛鳥浄御原宮を宮室とする都城が7世紀後半段階に存在していた，とかんがえるのが自然かもしれない。ただ，惜しことには飛鳥浄御原宮の位置が確定されていない。

　明治以来，歴史学者・地理学者などによって試みられてきた地形・地名など外観的な観察によって進められ，一定の成果をあげてきた都城の骨格ともいうべき条坊遺構に対する研究は，昭和40年代以降になると考古学者の発掘によって実際に検証されるところとなり，飛躍的な発展をとげることになる。藤原京・平城京・長岡京・平安京などの様相が次第に明らかになり，条坊地割内の邸宅・住宅などの諸施設にかんするデータも増加する一方である。しかしながら，『日本書紀』では天武8年に羅城をきずき，同13年に複都制によって建設されたとする難波宮については，各種の条坊復原案がでているにもかかわらず発掘によって検証されていない。中国の都城と日本の都城との相違点の第一にあげられる羅城の存否をふくめて難波宮条坊の確認は，今後の大きな課題である。

　藤原京から平城京へ遷都したのち，長岡京から平安京へ遷都したのち京域は条坊地割から農地としての条里地割に変更されている。恭仁京もおなじである。だが，平城京の場合には長岡京へ遷都したのちも条坊地割がのこり，15世紀まで条坊の呼称で土地の売買がなされている。この地割が現代にまで存続し，遺存地割から平城京を復原するきわめて有力な手がかりであったことはいうまでもない。平城宮の発掘では，平城上皇が再建した内裏などの遺構が発見され，京域にも長岡京・平安初期にぞくする邸宅や住宅遺構が存在している。一方，平安初期に京内の家地を売買した記録

もあり，京域のかなりの部分が民間の手にあったことを物語っている。それにたいする解釈としては，難波京・恭仁京から平城京へ還都した故事にならって，平城京を保存したとする解釈も可能であろう。しかしもっとも重要なことは，官の大寺が平安京へ移転しなかったことであろう。東大寺・興福寺・元興寺・大安寺・法華寺・西大寺・唐招提寺・薬師寺などがそれであり，平安遷都後も南都と称し，なお，平安京政権の精神的な支えであることは変わらず，その隠然たる勢力をほこった。要するに，かつての難波宮がはたした陪都としての性格を保持しながら，諸大寺がおりなす宗教的な都市へと転換した可能性がつよい。

　上山春平などの論でいけば律令制は明治維新まで存続したという。平安京は桓武天皇の平安遷都以来東京遷都まで，千年のながきにわたって存続する。平安時代における律令政治が破綻していく過程で，徐々に古代的な都市の景観が姿を消しはじめ，その後に展開する時々の政権の変革に対応しながらも天皇の朝廷を中心とする都市構造を崩すことはなかった。このような状況は，近年の発掘調査で次第に明らかになりつつあり，今後の調査が大いに期待されている。

　以上，都城のもつ歴史性のごく一部をとりあげてみた。近年，古代の都城に関する一般の関心は強く，最新版の坪井清足編『古代を考える　宮都発掘』（吉川弘文館）をはじめ，多くの類書が流布している。本誌の特集もその傍流であることを免れないが，以下の各論では現時点での都城研究の問題点が手際よくまとめられ，都城研究に一寸たりとも寄与しうるものと考えている。

　都城の研究が盛んな基本的な原因は，現代の都市の再開発にある。国が史跡に指定しその保存活用のために計画的な調査をおこなっている難波宮・藤原宮・平城宮以外は，土木建築にともなう事前の発掘調査による成果であり，基本的には調査の終了をもって遺跡は煙滅する。もちろん都城域の完全な保存などという無謀なことは考えていないが，すくなくとも学術研究の側が主導権を持ちながら都城の重点的な保存を計らなければ早晩都城は煙滅する，と考えている昨今である。

特集●古代の都城—飛鳥から平安京まで

都城制の展開

日本の都城はどのようにして形成され，展開していっただろうか。最近のめざましい発掘成果をもとにその跡をたどってみよう

宮から京へ／都城の定型化／都城の爛熟と衰退

宮から京へ

奈良国立文化財研究所
■ 清水真一
（しみず・しんいち）

飛鳥諸宮と宮外朝廷施設の複合体として拡散的に形成された倭京の性格は，藤原京の同心円状都市構造にも反映した

1 飛鳥の宮

『日本書紀』によれば，5・6世紀の宮室は三輪山周辺など大和盆地の東南部を中心として歴代遷宮が行なわれていた。この地域では脇本遺跡や上之宮（のみや）遺跡の調査が注目されるが，未だ宮跡としての確証は得られていない。上之宮遺跡では6世紀後半の建物群と石組溝，庭園かと考えられる敷石遺構があり，聖徳太子が斑鳩宮に移る前の上宮との関連で話題となった。遺跡の範囲は周辺地形から東西50mほどの小規模なものと考えられ，また建物規模からも豪族居館を越えるものではなく，やや不規則な配置形態を採る。

初期の宮室の実体は，おそらく大王の居住する私的な邸宅に近いものであったと推測するが，皇子の宮の施設を，豪族の居館とどの程度の相違として認識するかで議論のわかれるところである。

推古9年（601）に造営された斑鳩宮（いかるが）は法隆寺東院下層で早くに確認されていたが，宮域を囲うと考えられる大溝の存在が明らかとなり，これまで考えられていた以上に規模が大きく，少なくとも方二町はあったらしい[1]。東院下層遺構は，宮内東辺の付属建物群と考えられ，中枢部の様相は不明である。

さて，593年に推古天皇が豊浦宮（とゆら）に即位し，次いで小墾田宮（おはりだ）を営んで以来，持統8年（694）藤原京に都が遷るまでの百年間は，飛鳥の地に集中的に宮が営まれた。この間，孝徳朝に難波へ，天智朝に近江へ一時遷都したが，還都するまで旧宮の飛鳥板蓋宮・飛鳥岡本宮は維持されていた。また，平城遷都後も島宮や小治田宮（おはりだ）が存続しており，飛鳥は長期にわたる宮の所在地となった。

飛鳥を冠した諸宮の位置などからみて，当時の飛鳥とは香久山以南から橘寺付近にかけての，飛鳥川東岸を主とする狭小な範囲であった。飛鳥周辺で宮あるいはこれに準ずる朝廷の施設と考えられる遺跡として，豊浦寺下層遺構・小墾田宮推定地・稲淵川西遺跡・川原寺下層遺構・飛鳥板蓋宮伝承地・島宮推定地・石神遺跡・水落遺跡などの調査が行なわれている。各遺跡の性格や構造についてはなお不明な点が多く，宮跡も推定地の域に留まる。

豊浦寺（現，広厳寺）では講堂かと推定される基壇建物の下層で，7世紀初頭の掘立柱建物とこれを囲む石敷が確認され，豊浦宮の可能性が高い。建物四周あるいは広場などを石敷とする手法は，飛鳥の宮殿関係の遺跡にしばしば認められる特徴である。建物の格式や装厳を増し，また儀式など

厳粛な場を提供する素材として飛鳥川の河原石が好んで用いられた[2]。

豊浦寺北方の小墾田宮推定地の調査では、7世紀初めから前半期にかけての園池遺構を確認している。宮室の構造を明らかにしうる遺構は確認できていないが、小墾田宮については『日本書紀』の記事からおよその構造が明らかであり、南面して内裏と朝堂院を備えていたことがわかる。飛鳥に宮が営まれた早い段階で、すでに朝政の場としての独立した区画が加わっていたことを示す。

小墾田には後に斉明天皇が初めての瓦葺の宮室を建てようと試みており、また壬申の乱当時には兵庫があり、平城遷都後も小墾田岡本宮・小治田宮の存在が知られ、長期にわたり各種施設が存続していたことがわかる。なお、飛鳥川の対岸の雷丘東方遺跡では、「小治田宮」と記した平安時代の墨書土器がまとまって出土しているが、推古朝の小墾田宮を直接継承したものか必ずしも明らかでない。

推古朝の終焉から壬申の乱にかけてのわずか40年ほどの間には、相次いで宮が遷り変わる。舒明天皇は飛鳥岡本宮・田中宮・厩坂宮と遷宮を重ねた。次いで皇極天皇は飛鳥板蓋宮を営み、孝徳天皇が難波に都を遷した間も上皇として飛鳥川辺行宮に住み、重祚して斉明天皇として板蓋宮に戻るが、宮の焼失により一時飛鳥川原宮に移った後、後飛鳥岡本宮を営む。

この時期の皇宮の構造は明らかでないが、川辺行宮の候補地である稲淵川西遺跡では正殿と後殿および脇殿を整然と配して、庭には全面に石敷を施している。遺跡の範囲は周辺地形から東西60m・南北170mを越えないものと考えられ、小規模な宮室の形態を窺うことができる。

また、斉明朝の頃から飛鳥寺の西から飛鳥川にかけての地が、辺境の人々の饗応などの広場として登場し、また漏剋（水時計）や須弥山が造られるなど、宮外朝廷施設が充実する。

飛鳥寺の西側一帯では広範囲にわたり石敷やバラス敷の存在が確認されており、広場の存在を裏付ける。大化改新直前から藤原京遷都直後まで、半世紀にわたり用いられたことが記され、特定の宮に所属したものではなかろう。

広場の西北部に位置する水落遺跡では、水時計を設置した楼閣建物と付属建物群を確認している。楼閣建物は掘立柱の底に礎石を備えた堅固な構造になり、周囲の断面逆台形の大溝には巨石を貼り巡らす。

水落遺跡の北に接する石神遺跡では須弥山石や石人像が出土、石敷の広場や大井戸、特異な配置の建物群などが存在する。饗宴など多用な機能を担った非日常的な場であったと推測される。

このように7世紀中頃には飛鳥の平坦地一帯の開発が著しく進展した。度重なる遷宮の意図にはさまざまな要因が指摘されているが、ひとつには地域全体の開発を目的としたものであり、歴代王朝の意志として受け継がれたと考えたい。

天武朝の飛鳥浄御原宮については『日本書紀』に、新宮・旧宮の別、内裏・朝庭・朝堂・苑池などの存在や、大安殿・内安殿・外安殿などの殿堂名までも知られ、各種施設が充実していたことがわかる。

浄御原宮の位置は確定できないが、この時期に属す飛鳥板蓋宮伝承地上層遺構（飛鳥京跡）では、比較的広範囲におよぶ宮殿の構造が明らかとなりつつある。東西158m・南北197mの内郭があり、前後に二分している。北側のほぼ正方形の区画は、緊密に建ち並ぶ殿舎群の間を石敷で埋め尽くし、内裏的性格の場とするのが有力である[3]。南側の区画は大型建物を中央にして周囲をバラス敷とする。朝政の施設にしては奥行きが狭く、内郭全域を内裏とし、大型建物をその正殿とする理解も可能であろう。内郭の南には東寄りに独立してエビノコ郭があり、中央の建物は大極殿相当とも考えられる。

やはり天武朝の時期の遺跡に石神遺跡上層遺構がある。遺跡の南を画す大垣は東西約80m分を確認しているが、盆地の東西を横断していた可能性が高い。その性格はなお明らかでないが、飛鳥寺北方に飛鳥京跡にも匹敵する大規模施設があったことが窺える。

天武朝の時期には大規模な施設が並存していたわけだが、浄御原宮の実態は互いに機能を分担して分散配置した各施設の総体とも、あるいは内裏を主体とする宮に宮外朝廷施設が発達したものといえるかもしれない。

なお、飛鳥京跡から飛鳥寺にかけての間でも、遺跡としてまとまっては確認できていないものの、蛇行する水路の改修工事にともなって延長160mにわたって石敷あるいは礫敷の存在が確認されている。

飛鳥に宮が営まれた当初，飛鳥寺付近は真神原あるいは苫田と呼ばれた平原であって，「樹葉の家」など人家も存在していた。しかし寺院の造営，度重なる遷宮と宮外朝廷施設の発達によって景観は一変した。おそらく斉明朝の頃には都市的景観を呈し，天武朝には皇子の諸宮が盆地周縁部に営まれており，この頃には平坦地は朝廷の施設によってほぼ埋め尽くされていたとみてよい。

2 倭京の性格

飛鳥の地を離れ藤原京に都が遷るよりも古く，『日本書紀』には孝徳朝末年の頃から倭京あるいは倭都の名が現われる。壬申の乱の記事中などにもしばしば現われ，賑給の対象者を京内に限って指定していること，京職の存置が確認できることなどから，遅くとも天武朝の初年には，京が一定の行政区域として設定されていたと理解されている[4]。

倭京とは飛鳥平坦地の都市的実体を主として指していたことは疑いないが，天武紀には京内 24 寺と算出しており，飛鳥の中ではとうてい 24 寺を想定し得ないこと，また飛鳥京とは呼ばず倭京と称したことから，倭京の範囲を香久山以北など飛鳥周辺を相当広範囲に含めて理解することもできる。しかしこの場合には，後の藤原京域も含まれることとなり，藤原京が新益京（あらましのみやこ）とも呼ばれ，倭京に対して新たに加えた都と理解されることと相反することになる。

すでにみたように飛鳥の平坦地一帯は半ば朝廷の直轄地と化していたが，24 寺の多くは大臣や大夫など朝廷を支えた有力層の氏寺と考えられ，その性格はやはり公的色彩が強い。あるいは京外寺院も飛び地として京内相当の扱いがなされたのではなかろうか。

朝政・朝参の制は官人層の近隣居住が前提となるが，これまでの調査では飛鳥の平坦地に集住していた形跡は認められない。蘇我蝦夷・入鹿父子は甘橿丘の山上や谷あいに邸宅を構え，山田石川麻呂も後に山田寺を造営した傾斜地に住んでいたことなど，早くから山寄りの地に散在していたらしい。宅地の存在形態からも条坊制に基づく京の概念とは根本的に異なったものであった。

倭京とともに「近江京」の名も現われるが，近江大津宮でも西に山岳地帯を控えた起伏の多い土地であり，東に面する琵琶湖の汀線も当時は今日

よりはるかに山寄りに迫っていたから，方格地割りを想定することはやはり困難である。有力官人層の平坦地集住は，条坊制を実現しうる政治的安定を待ってのことであろう。

ところで倭京に条坊制に類する方格地割りを想定する見解がある[5]。各説ともその基準とする中津道については，香久山以南に延びていた形跡は確認できないばかりか，石神遺跡では中津道想定位置を横切って 7 世紀中頃から後半代を通じて大規模な掘立柱塀が存続していた。

中津道想定位置以外でも，飛鳥を南北一直線に縦断する道路の存在を認めることは困難であるし，飛鳥京跡と川原寺の関係においても飛鳥川の両岸を通じての統一的な計画線の存在は明らかでない。川原寺と橘寺，あるいは飛鳥京跡の内郭とエビノコ郭の位置関係も，斜行する飛鳥川に規制された雁行形配置と理解するのが素直であろう。

個々の宮殿・寺院などは真南北に近い統一的な方向性を持って造営され，矩形に囲う施設を伴うものが一般的である。しかし飛鳥盆地のほぼ中央に最初に立地した飛鳥寺では矩形とならず，山寄りの東面掘立柱塀は著しく方位が振れている。

また飛鳥寺では南門前からさらに参道が南に約 30 m 延びており，正面を斜めに横切る石敷がある。少なくとも参道両側の不整形な空閑地は寺地に属したものとみられ，後にその東部には禅院が設けられた。和田廃寺でも寺域の南面を画すると判断される掘立柱塀の南約 15 m を隔てて自然の流路があり，塀との間に広がる石敷の空閑地はやはり寺に付随する施設とみるべきであろう。

また山田寺では主要伽藍を囲んでいったんは平地を掘立柱塀で画しながら，東面ではさらに丘陵斜面にまで寺地が広がっている。川原寺や橘寺でも同様に隣接山裾を寺地に取り込んでいた可能性が高く，川原寺北方では山際間近に建物が建つ。

このように外郭施設の外に空閑地を備えたり，地形に応じて囲繞施設の外にさらに付属施設が広がる場合もみられる。矩形の外郭施設がそのまま敷地形態を反映する条坊都城における立地形態とは異なった性格をみせる。飛鳥京跡の外郭の範囲に関しても東面や北面の掘立柱塀を一律に巡らしたものではなく，西面は飛鳥川の流路に沿った自然形態とみてさしつかえなかろう。

このように飛鳥の諸遺跡では，地形に応じて敷地の形態や配置に融通性がみられ，各施設の間を

道路とも広場ともいうべき空閑地が不規則に広がっていたものと思われる。飛鳥寺西の広場もそうした空閑地の一部であり，飛鳥寺南門前の石敷の場もおそらくこれに続くものであろう。各施設の領域がややもすれば曖昧に，不規則に立地する形態は，倭京が自然発生的な都であり，次第に朝廷の直轄地としての性格を備えていったことを思わせる。

倭京とは皇宮や皇子の宮，あるいは留守居を置いて維持した旧宮などの諸宮に加えて，宮外朝廷施設が混然一体に配置されており，散在する官人の宅地も含めて拡散配置的都市構造といえよう。

3　藤原京の成立

倭京がいわば自然発生的な都であるのに対して，藤原京は京域を計画的に設定して条坊制を採用した，はじめての律令制都城である。藤原京の条坊が東西八坊・南北十二条であったことは大宝令の規定から推定でき，岸俊男が示した京域復原案に見合う条坊遺構が各所で確認されている。750大尺（265m）を基礎単位とする方眼に大路を設け，方眼の中央に十字に小路を通したものである。ただし，京極については未確認であり，とくに十条以南ではこれまでのところ条坊の痕跡が確認されておらず，二条分京域を北にずらして宮を京の中央に置く説もある。

宮の営まれた地は「藤井が原」と詠われた原野であったが，7世紀中頃から掘立柱建物の散在が確認され，一般庶民あるいは下級官人層の居住が窺える。「新城に都をつくらむ」とした天武5年（676）の記事には，公私におよぶ田園の存在も伝える。

新城の造営は，まず条坊の基礎単位を設定して道路の建設に始まる。天武9年「初めて薬師寺興つ」とする本薬師寺の伽藍は，京の条坊に則っており，当該地付近はいち早く条坊の施工を終えていたことがわかる。京の西辺や北辺の低湿地帯から条坊が施工されたのであろう。京内道路の総延長は大路・小路を含めて約100kmにおよび，持統6年には道路の建設状況の視察が行なわれているから，この間十数年間にわたり営々と工事が続いたことがわかる。

条坊の施工開始から遅れて，天武11年（682）には新城の地形の調査を行なっており，翌12年に天皇が京師を巡行して，13年に宮室の地を定めている。宮の位置は都市計画の根幹にかかるもので，京域の設定と切り離しては考えられないこと，京域を示す言葉として初めて「京師」が現われることから，京や宮の位置と規模は厳密にはこの時点で初めて確定したと考えたい。天武10年に着手した浄御原令の編纂の初期の段階で，大宝令以降に引き継がれる都城の基本形態が定まったものかと思われる。「新城」とは固有名詞でなく，新しい都城のおおよその予定地にすぎなかったものであろう。

ところで京の条坊は宮内にも延びている。大極殿の北方では幅6〜7mの大溝があり，これに交わる宮内条坊の側溝は大溝に注いでいた時期がある。大溝は建築部材や手斧の削り屑などが出土したことから，宮の造営資材を運んだ運河と考えられる。天武11〜13年の紀年木簡も出土したことから，天武朝に京の造営計画が始まった有力な根拠となっている。従来藤原京の造営開始を示す記事とされた，持統5年（691）「新益京を鎮め祭らしむ」とは，天武没後の工事の中断とその再開を示すと解されることとなった。

宮内中央の南北大路は，一般大路よりも幅広く，しかも運河より先に埋め戻していることから，宮・京域の確定以前に少なくとも南北中軸線は定まっていたと理解できる。宮正面の六条大路と朱雀大路に相当する南北大路もやはり幅広く，宮・京域の確定以前に施工が及んでいたとすれば，東西軸線も定まっていたことになる。

現在確認された範囲では，宮内条坊の多くは宮の造営に伴って埋め戻されている。したがって宮内条坊の性格に関しては，宮域確定以前に京内条坊を延長したもの（先行条坊），あるいは宮の造営に伴う湿地対策の排水溝とする理解が一般的である。京内条坊の延長には違いないものの，京域未確定という消極的理由とするには多大な労力を要し，排水のためには道路の両側溝としての形態をとる必要もない。したがって条坊施工の開始時から，京の条坊と同一の方眼地割りに基づく宮内計画を前提に施工されたと考えられ，宮の造営に伴い必要に応じて埋め立てる一方では，宮内道路として存続したものも多かったかと思われる。

近年藤原京外でも京の条坊延長位置に道路の側溝が数ヵ所で確認されており，京外に東西各四坊分，北に六条分の外京域を伴っていたとする，いわゆる大藤原京説が提起されている[6]。ただし，

東辺南部に丘陵地帯を多く含み整然たる条坊の存在は疑わしいこと，また大窪寺・久米寺・吉備寺・膳夫寺・奥山久米寺など7世紀後半頃には営まれていた寺院遺跡が，寺域は明確でないものの大路想定位置に重なるらしいことなど否定的側面も指摘されている[7]。京外条坊が明確に限った範囲を対象とした整然たる計画に基づくものか，また京の造営と同時に施工されたものか現時点では明確でない。京の郊外地帯にある程度条坊が及んだものとすれば，京域確定以前に新城として呼びならわされていたおよその範囲を覆うものかとも思われる。

京の骨格造りがほぼ一段落した持統5年の暮れには官人に宅地が配分され，いよいよ邸宅の造営にとりかかる。大極殿北方の運河が版築状に丁寧に埋め戻されたのは，宮内の造営が本格化する直前のことと理解できるから，宮内殿舎の造営はいち早く進行していたらしい。持統4年以降しばしば天皇が宮地を訪れているのは，相当造営が進んでいた殿舎の視察であったろう。

4 倭京から藤原京へ

かくして完成した藤原京は，平城京をはじめ奈良時代以降の都とは宮や京の構造に大きな相違がある。京域が小さいこと，大極殿院・朝堂院が大きく実務的性格が強いこと，官衙は長大な建物を並べた単純な配置からなることなど，官僚機構が成熟していなかったことを示唆する。また，大極殿や朝堂などは礎石建て・瓦葺のはじめての宮殿建築となったものの，大垣は瓦葺でありながら掘立柱であるし，標準的な掘立柱建物で平城宮と比較すれば柱間や柱径が1割ほど小振りである。条坊制都城として制度的にも技術的にも初期的な段階にあったことがわかる。

藤原宮が前代の宮の構造を継承したものか否かは，浄御原宮をはじめ飛鳥諸宮の実体がなお不明確な現状での比較は困難である。また，藤原宮と同様に大極殿院・朝堂院が広い前期難波宮の遺構に関しては孝徳朝とする説が有力だが確証を得るにいたらない。なお，大津宮に関して，規模はやや縮小するものの，前期難波宮と近似した配置になる復原案が提示されている[8]。今後さらに裏付けを得れば，飛鳥諸宮から藤原宮にかけての発展を難波宮を含めて理解する上で，新しい論議の方向が開かれよう。

ところで藤原宮・京の最も顕著な特色は，宮が京の北辺でなく中央に設定されたこと，宮域を囲んで広大な空閑地が存在する点にあり，わが国では類をみない。

宮を限る大垣の外には幅約20mに及ぶ空閑地（壖地）を置き，その外に幅6mほどの外濠があり，さらに幅約30mの空閑地（外周帯）を経てようやく大路に面する。大垣から大路までの距離は56mにおよび，平城宮の5倍以上に達する。外濠は造営時の運河として，また低湿地帯の排水としての実用的な意図によるものであろうが，空閑地の性格は曖昧である。あるいは条坊の基礎単位の設定から遅れて必要とする宮の規模が定められたことに起因するかと思われる。

ただし，文武朝の遺構と判断された大官大寺でも，大垣から道路心まで22mも離れている。宮に限らず施設の周囲に広い空閑地を設定することが，共通の計画理念として存在していたかもしれない。条坊に基づく矩形の敷地を獲得しながらも，倭京における空閑地設定の伝統を反映したものであろう。

藤原京は，宮を中心として，広大な空閑地，京域，そして効外地帯と四周に展開した，同心円状の都市構造になる。朱雀大路に相当する大路も宮からわずかの位置で日高山丘陵に登ること，南面中門を含めて四周の門が平面規模は同一であることから宮全体としての正面性は比較的希薄であったといえよう。藤原京は倭京の継承を意図したものではないにせよ，倭京の拡散配置的な性格から自立的に発展した側面もあったことを窺わせる。

註
1) 『法隆寺防災施設工事・発掘調査報告書』法隆寺，1985
2) 清水真一「古代の石敷」ストーンテリア，11，1986
3) 今尾文昭「飛鳥京」『中国の都城遺跡』同朋舎，1982
4) 岸 俊男「飛鳥と方格地割」史林，53—4，1970
5) 同上論文ほか
6) 秋山日出雄「藤原京の京域考」『考古学論攷』橿原考古学研究所紀要第4冊，1981
7) 『藤原宮』飛鳥資料館図録第13冊，1984
8) 林 博通『大津京』ニュー・サイエンス社，1984

都城の定型化

奈良国立文化財研究所
■ 井上和人
（いのうえ・かずと）

わが国で初めて建設された都城である新益京は，条坊プランの
上からみると以後の都城の原型となる要素が数多く確認される

ここで論じようとする都城とは，方眼状に縦横に通じる幅広い条坊道路と，道路により区画された方形の街区とで構成される条坊制地割をもつ政治都市をいう。わが国古代にあっては，律令国家成立期にあたる 7 世紀後葉に，中央政治権力の拠点として計画的に建設された新益京（藤原京）を都城の嚆矢とする。650 年代の孝徳朝前期難波宮にともなう（前期）難波京の条坊地割を復原する説もあるが，確証に欠ける。あるいは大和飛鳥地域に 7 世紀代に造営された宮室や寺院の位置を規制する方格地割が施行されていたとみる二，三の説が行なわれているが，先に明らかにしたように[1]，いずれも実証しえない虚論であり，条坊制施行の先駆的地割としての"飛鳥の方格地割"は想定しがたい。

1 新益京の造営過程

『日本書紀』によると，天武 5 年（676）のこととして，「新城に都つくらむとす。限の内の田園は公私を問わず皆耕さずして，ことごとくに荒れぬ。しかれどもついに都つくらず。」という記事がみられる。ここにいう「新城」は，のちに新益京と呼ばれる"新たな都城"をさし示すものと考えられている。上の記事によると，都を造成するために選定された範囲の土地は，建設工事の実施をまって田畑の耕作が停止されたが，何らかの事情により造都事業が行なわれないままに沙汰やみになったことになる。したがって，都城建設予定地が選定され，耕作行為が制限されたのは，天武 5 年より遡る時点の，天武政権発足後まもない頃であった可能性がある。

天武 11 年（682）3 月，天皇は三野王らを「新城」に派遣して地形を検分させる。都の建設工事の再開を物語る記事である。翌年 3 月には天皇自ら新城に行幸するが，その年，天武 12 年（683）12 月 17 日に，「およそ都城・宮室は一処に非ず。必ず両参造らむ。故まず難波に都つくらむと思う。（後略）」という詔が出される。まず難波に都

をつくろうと思うと続けているのは，旧来の政治的本拠地である大和飛鳥のすぐ傍ですでに計画を進めている新城に加えて，難波の地にも新しく都城を建設しようと宣言したものと理解される。

翌天武13年（684）3 月，天皇が「京師を巡行したまいて，宮室の地を定めたまう」とある。これは従来，その時点で初めて宮室すなわち藤原宮の位置が決定されたと解釈されているが，むしろ宮造営の起工式のような儀式が行なわれたことを示すものと理解すべきである。

天武14年（685），天皇は病を受け，明くる朱鳥元年に薨去する。天武の後継者皇太子草壁も 689 年に病死。こうしたことで都城造営事業は一時頓座せざるを得なかったのだろう。690 年（持統 4）の元旦を期して，天武の皇后であった鸕野讃良皇女が即位する。この年の 10 月，高市皇子は公卿や百寮の官人を従えて藤原宮地を視察する。これを皮切りに，造営事業は本格的に再開され，4 年後の持統 8 年（694）12 月 1 日，藤原宮への遷都が挙行されたのである[2]。

2 新益京の条坊地割

この未曽有の都城・新益京の京域については，1966～1969年に行なわれた藤原宮の発掘調査や大和の古代官道の研究の成果をもとに復原された岸俊男氏の説がある[3]。岸氏の京域説は北を横大路に，東西をそれぞれ中ツ道と下ツ道に限られた範囲に，東西 4 里（1 里は 1500 大尺＝約 531m）・8坊，南北 6 里・12 坊の条坊[4]が施行されたとする。この中で，横大路以南における中ツ道の存在については重大な疑義がある[5]ものの，その後進められた発掘調査により，各所で岸氏の復原案に合致する条坊道路遺構が確認されている。しかし京域の四至については，まだ十分な調査が行なわれておらず，加えて近年，これまで京域外とみなされていた地域から，位置的に京の条坊と一致する道路遺構が数カ所でみつかったことなどから，岸氏による復原とは異なる京域を想定するいくつ

かの見解が示されるにおよんでいる[6]。

　新益京および藤原宮の造営に際して，その地割計画の基準尺には，かつて「古代都城制地割再考」[7]（以下これを「前稿」とする）の中で指摘したように，大宝令に定められた大尺が使用されている[8]。新益京の条坊道路には，1条1坊ごとに通じる大路と，その中間を通る小路とがある。京の規模を，岸俊男氏の説に従って考えると，街区の大きな単位である坊は，四周を大路で囲まれ，その中に小路を十字形に通して4つの坪（町）に区画していたことになる。

　これまで，京域内での発掘調査で，条坊道路の規模がわかる遺構は16個所で確認されている（表1）[9]。それをみると(1)路面幅，側溝幅ともに大尺で設計されている。(2)大路には規模によって5段階のランクがある。(3)小路は1例を除くと7例ともに側溝心心間20大尺の規模で統一されている。(4)合わせて6ランクの条坊道路は相互にきわめて図式的な関連性をもって規模が設定されている，などの特徴を指摘することができる。最大規模の朱雀大路は，通路としての実用性を超えており，むしろ都城の中央道路として，都城の威儀を表わすために設定されたものであった。宮域の南辺を通る六条大路が朱雀大路に次ぐ規模であり，宮域の東辺に沿って通じる東二坊大路も他の一般大路よりも広かったと推定されることは，都城空間の中でも，宮域の相対的優位性と隔絶性を具体的に表わしたものといえる。そしてこれら宮域をめぐる大路の特殊な設定状況は，以後の都城に共通した事象で，新益京の条坊制が平城京や平安京の先例になっていることが知られる。

　さて上記の，宮域に直接接する大路以外の一般の大路には，側溝心心間寸法が45大尺と25大尺の二者がある。二・四・六・八条の偶数条大路が広く，三条大路，東一坊大路が狭い。データが不足していることに不安は残るが，新益京の奇数条（坊）大路は偶数条（坊）大路よりも狭かった可能性がある。

　最近阿部義平氏は，新益京の京域が東西8里，南北12里という広大な領域であったとする注目すべき見解を呈示している[10]。岸説の京域に比べると南北に3里ずつ，東西に2里ずつ広く，新旧の二部分からなる。すなわち明瞭な条坊の存在する北部分が新城建設時からの条坊施行部分であり，条坊の不明瞭な南部分は古くからの倭京の主要部

表1　新益京条坊道路の規模（単位は大尺,〔　〕は推定）

	条坊道路	A	B	C	D	E
1	朱雀大路	70	50	20	六条	1
2	六条大路	60	50	10	右京三坊	1
3	東二坊大路	〔55〕	〔50〕	〔5〕	左京四条	1
4	二条大路	45	〔40〕	〔5〕	右京三坊	2
5	四条大路	45	〔40〕	〔5〕	左京四坊	2
6	八条大路	45	〔40〕	〔5〕	右京三坊	2
7	東一坊大路	25	〔20〕	〔5〕	左京三条	―
8	三条大路	25	20	5	右京三坊	3
9	四条条間小路	20	〔15〕	〔5〕	左京四坊	4
10	六条条間小路	25	〔20〕	〔5〕	左京三坊	4
11	七条条間小路	20	〔15〕	〔5〕	右京一坊	4
12	八条条間小路	20	〔15〕	〔5〕	右京四坊	4
13	東三坊坊間小路	20	〔15〕	〔5〕	左京六条	―
14	西二坊坊間小路	20	15	5	右京二条	―
15	西三坊坊間小路	20	〔15〕	〔5〕	右京二条	―
16	西三坊坊間小路	20	〔15〕	〔5〕	左京五条	4

A：側溝心心間距離，B：路面幅，C：側溝幅，
D：調査位置，E：阿部説の等級

表2　新益京京域外条坊一致道路の規模　（単位はm）

	調査遺構	側溝心心間	路面幅	等級*
17	葛本町 SF 101	8.1~8.2	6.8~7	3
18	吉備大角東西道路	8	7	3
19	大福南北道路	8.5	7.7	3
20	葛本町 SF 102	6.1~6.7	4.8	4
21	下明寺南北道路	6.2	4.8	4
22	院上 SF 01	6.2~6.5	5	4

計測値は阿部義平註2)による。*は阿部説の等級

分であると説く。東西8里・8坊，南北12里・12条の京域とすれば面積にして岸説の4倍になり，条坊施行部分での坊の大きさは，岸説が4坪で1坊となっていたのに対し，1坊が16坪となり，平城京と同じ規格であったことになる。

　阿部氏の論点は多岐にわたるが，"実証のための第一前提"として挙げているのが発掘遺構であり，中でも条坊道路の規格性である。氏は新益京の条坊道路を表1・2に示すように第1〜4級に区分する（空欄は阿部氏が引用する資料[11]発表以後の発掘データ）。第1級は路面幅が50大尺をとる道路で，これに下ツ道，横大路を加えている。第2級は路面幅が40大尺の道。第3級の道は路面幅が20大尺または若干狭く，側溝を含め25大尺〜20大尺以上のもので，三条大路の他に京域外条坊一致道路の中で側溝心心間距離が8m前後の3例（表2－17〜19）を挙げる。第4級は路面幅が15大尺程度のもので，岸説京域内での小路に京域外の3例（表2－21〜22）を加える。以上4級に分けた上

で，阿部氏は第1・2級と第3・4級の間で一線が画されるとみる。「道路は路幅40大尺以上と20大尺以下に二分され，そのことは所謂京内と外京的部分を通して明らかに両者に通じる論理をもつ。大路とされてきた三条大路が実は小路幅しかない点に表われるように，岸説の大路の内，奇数名の条大路は小路でなかったか。」と推断している。

要約するに，(1)従説による奇数条大路は小路であった。(2)従説による京内と京外の道路計画は一貫した論理に基づく。この2点を論拠として，新益京の条坊道路のあり方は平城京と等しく1里＝1坊であり，したがって従来の京域東西4里8坊説は8里8坊に訂正されてしかるべきであると主張するのである。ここではとりあえず第2点についてコメントを加えておこう。果たして従説による京域内と京域外の道路計画は一貫した原則に則った道路設計に基づくものであろうか。すでに指摘したように，京域内の条坊道路の規模には整然とした規格性があり，それ自体で一応完結している。それに対して京域外条坊一致道路はそれとは異なった規格で設定されているようである。この事実は，むしろ京域内外で相異なる設定原則のあったことを予測させる。

3　平城京の条坊地割

平城京は，和銅元年（708）に遷都の詔が発せられ，忽々のうちに建設工事が開始された。3年後の和銅3年（710）3月10日に遷都が行なわれるが，造営工事に際して使用された尺度は，新益京の場合と同様に土地測量（地割）には大尺，建物などの寸法には小尺であった。しかし註8)で述べたように和銅6年に尺度制改定があり，大尺の使用が停止されてからは，地割設計にも小尺が用いられることとなり，事実平城京の条坊道路の一部には小尺で設計されている事例が認められる。

（1）大路

これまでの発掘調査で規模の判明した平城京の条坊道路は表3[12]に示すようにかなりの数にのぼる。

京の中軸道路である朱雀大路については，3ヵ所での調査例がある。側溝心心間距離の計測値は調査地点により若干の相違があるが，平均値に近い74.6mとみれば210大尺（0.296m×1.2×210）の計画寸法を復原できる。平城宮の南辺に接する

表3　平城京条坊道路の規模
(一部省略、* 側溝心心間距離 m)

	条坊道路	調査位置	計測値*	計画寸法
大路	朱雀大路	五条・六条	73.4～74.0	74.6mとすれば210大尺
	朱雀大路	三条	73.8	
	朱雀大路	三条	75.4	
	二条大路	宮城南辺	37.3	105大尺
	二条大路	左京二坊	31.9	90大尺
	西一坊大路	宮城西辺	24.9	70大尺
	東一坊大路	宮城東南辺	23.7	80小尺
	西三坊大路	右京五条	21.3	60大尺
坊間(大)路・条間路	西一坊坊間大路	右京八条	24.9	70大尺
	東一坊坊間大路	左京三条	21.3	60大尺
	東一坊坊間大路	左京七条	21.6～21.8	60大尺
	西二坊坊間路	右京一条	8.6	25大尺
	東二坊坊間路	左京三条	8.64	25大尺
	東四坊坊間路	左京三条	9	25大尺
	東四坊坊間路	左京四条	9.0	25大尺
	東五坊坊間路	左京五条	9	25大尺
	一条条間路	右京三坊	5.92	20小尺
	四条条間路	左京二坊	10.66	30大尺
	五条条間路	右京四坊	5.97	20小尺
	八条条間路	右京一坊	8.95	25大尺
	九条条間路	左京三坊	8.5～9	25大尺
坊間小路	西一坊坊間東小路	右京九条	7.0	20大尺
	東一坊坊間西小路	左京五条	3.7	10大尺
	東一坊坊間西小路	右京九条	7.1	20大尺
	東一坊坊間西小路	左京九条	7.0	20大尺
	東一坊坊間西小路	左京三条	6	20小尺
	東二坊坊間東小路	左京二条	7.1	20大尺
	東二坊坊間東小路	左京三条	5.8～6.1	20小尺
	東二坊坊間西小路	左京三条	7.0～7.2	20大尺
	東二坊坊間西小路	左京三条	7.1	20大尺
	東三坊坊間東小路	左京二条	4.5	15小尺
	東三坊坊間東小路	左京四条	5.7	20小尺
	東三坊坊間東小路	左京八条	5.9～6.0	20小尺
	東三坊坊間東小路	左京八条	6	20小尺
条間小路	一条条間北小路	右京二坊	7.0～7.1	20大尺
	三条条間北小路	左京一坊	7.1	20大尺
	三条条間南小路	左京二坊	7	20大尺
	五条条間北小路	左京一坊	6	20小尺
	五条条間北小路	右京二坊	7.0～7.1	20大尺
	六条条間北小路	左京二坊	7.1	20大尺
	八条条間北小路	左京三坊	5.9～6.0	20小尺
	八条条間北小路	左京三坊	5.9～6.0	20小尺
	八条条間南小路	右京一坊	7.1	20大尺

地点での二条大路は，側溝心心間の計画寸法は105大尺（約37.3m）に復原される。これは朱雀大路の2分の1の規模である。一方，宮域と直接接しない条坊位置での二条大路は側溝心心間90大尺の設定寸法である。

西一坊大路は，平城宮域西辺に接する場所で70大尺の規模であり，平城京二条大路の3分の2に

あたる。平城宮は東辺部の北4分の3が2坪分東へ張り出す（東院）という特異な平面プランをもつが、その東南入隅部分で宮域に接する東一坊大路の側溝心心間距離は23.7mであり、80小尺の計画寸法であったことになる。このことは東一坊大路の設定が、少なくとも当該場所では和銅6年以後に行なわれたことを示す。その他の大路に関しては、調査例が西三坊大路の1例に限られる。西三坊大路は側溝心心間で測ると60大尺の計画寸法を復原できるが、これが平城京の一般大路の規模と考えている。

（2）坊間大路

平城京の条坊は、大路に四周を囲まれた一画を坊と称し、坊の中はさらに東西、南北方向に通じる各3本の小路で区画されて16の坪（町）に分割される。"小路"のうち、坊の中央を交差する東西道路と南北道路は他の小路よりも原則として幅広く設定されている。そこでこれを坊（条）間路と呼び、他の小路を坊間東(西)小路、条間南(北)小路と呼び分けている（図1）。

平城京で、条坊大路以外に大路級の条坊道路のあったことは、つとに大井重二郎氏が文献資料の研究に基づいて指摘している[13]。大井氏は一・二条条間、東・西一坊坊間、東・西二坊坊間の6つの条（坊）間路が大路級の規模であったとする。この中で東・西一坊坊間"大路"は発掘調査や遺存地割の分析[14]の結果、大路に匹敵する規模であったことが判明している。すなわち平城宮の南面西門である若犬養門に通じる西一坊坊間大路の調査では、側溝心心間の設定寸法が西一坊大路と同規模の70大尺であったことが判明した。また平城宮南面東門である壬生門に通じる東一坊坊間大路は、片方の側溝だけの調査データによる復原値であるが、60大尺と推定され、京の一般大路の規模と並ぶ。

大井氏の指摘したその他の坊（条）間大路のうち東二坊坊間大路については、それが平城宮東院に接している部分では、古文書に記すように「大路」であった蓋然性は高いが、左京三条二坊での調査例では側溝心心間距離が約9m・25大尺であり、平城京での大路とみなすには狭い。同様に一条条間路、西二坊坊間路も大路級の道路ではなく、大井氏の立論には若干再検討の余地があるように思える。

（3）平城京の坊（条）間路

坊（条）間小路に関する調査例はこれまで26例あるが、側溝心心間の規模でみると20大尺（約7.1m）が12例と最も多く、20小尺（8例）がこれに次ぎ、両者で4分の3を占める。つまり和銅6年（713）の尺度制度改定以前の設定になる小路は20大尺、以降は20小尺が原則的な設定規模であったと考えられる。

一方、坊の中央に通じる坊（条）間路については13の調査事例のうち7例までが等しく25大尺であることが知られ、この幅員が平城京の坊（条）間路の原則的な設定規模であったと推察される。

4 都城の変遷と定型化

これまでに述べてきたように、新益京と平城京の条坊の規格はきわめて類似していることが再確認された。とりわけ小路の規模や、平城京の坊（条）間路と、小路との位置関係において共通する新益京の奇数条（坊）大路の原則的規模が全く一致しているという事実は、平城京の条坊地割計画

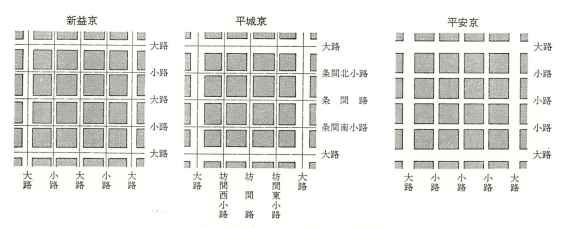

図1 新益京・平城京・平安京の条坊地割模式図

が新益京のそれを下敷きとして実施されたことを明示している。しかしその一方で，平城京では朱雀大路が新益京の規模の3倍に拡大されたのをはじめ，他の大路も一様に大規模につくられている事実も重要である。

阿部義平氏は新益京の従説による奇数条大路は小路であったと説く。本稿で新たに示したように，平城京の坊（条）間路と新益京の奇数条（坊）大路が同規模に設定されていることは，阿部氏の想定をさらに裏付ける証左ともみなされかねない。しかしそのように即断するには，まだ不確定な問題が残されている。

平城京に時期的に後続する長岡京の条坊制度については，調査研究が鋭意継続されているにもかかわらず，まだ明確な全体像が解明されるには至っていない。長岡京に続く平安京の条坊制度は，延喜式の中の左京職式「京程」に記された条坊道路などの詳細な寸法に基づいて，ほぼ全容を復原することができる。ここで今問題としている平城京の坊（条）間路は，平安京ではどうなっているだろうか。

平安京の条坊地割方式は，条坊道路の規模に関わりなく，坪の規模が400（小）尺四方と一定しており，道路と街区（坪）を集積することにより京を構成していくというものであった。それに対して平城京や新益京では，京条坊設定の基本に条坊計画方眼があり，条坊道路はその計画線上に設定されるという地割方式が採られており，平安京とは原理が異なる。しかし平城京から平安京への条坊地割方式の変質を，かつて論じられたような政治的諸関係の変化を反映するものと評価する[15]のは不当であり，前稿で指摘したように，平安京の地割方式は，遅くとも奈良時代後半期には認められる，平城京の条坊地割に関する社会通念上の規模を実体化したにすぎない。

平安京の条坊において，大路で四周を画された一つの坊には，中に東西・南北各3本の小路が通じる。3本の小路は「京程」に基づくと，いずれも側溝心心間寸法は26（小）尺であり，平安京では坊（条）間路は設定されていない。平安京での実態を遡及させて考えれば，奈良時代の後半期には平城京でも坊（条）間路は一般の小路としてしか認識されていなかったと推察され，それが平安京での実情であっただろう。そうだとすれば，平城京造営に際して，実際には小路でありながら，こ

とさらに規模のやや大きな「坊（条）間路」を設けたのは，位置関係が共通する新益京での奇数条（坊）大路の存在が，遺制として強く意識されていたからだと評価する余地も充分ある。つまり新益京の奇数条（坊）大路は，やはり大路であった可能性も残されている。

本稿に与えられたテーマは「都城の定型化」であった。しかしこれまでに指摘したような諸要素や，ここでは言及しえなかった他の多くの現象，たとえば宮域の外郭施設と条坊道路との関係，市や寺院の存在形態，あるいは運河の問題，京域周辺の公的道路のあり方などを考えると，定型化した都城というものは容易に抽出しがたい。

新益京として，わが国で初めて建設された都城には，条坊プランの上からみると，以後の都城の原型となる要素が数多く確認される。宮域が方8町を基本とすること，街区の基本単位である坪の規模が375大尺（450小尺）四方を基準とすること，京の中軸線にある朱雀大路を最大級の道路規模につくり，宮域に直接接する大路を他よりも広く設定することなどである。しかし平城宮では，それら特殊な条坊道路の規模が新益京に比べると飛躍的に拡大するという大きな変化を遂げる。長岡京条坊の実情はまだ不分明な点が多いが，たとえば坊（条）間路については一部で平城京に似た状況である可能性もある。平安京に至ると，平城京の条坊制の多くの要素を継承しているものの，坪の規格や坊（条）間路のあり方など，造営当初の平城京の都市計画ではなく，平城京70余年の間に定着した条坊についての通念上の規模が平安京のプラン設定に反映している現象がみとめられ，平城京の事実上のプランとは多くの点で変質していることが理解されるのである。

註

1) 井上和人「飛鳥京域論の検証」考古学雑誌，71―2，1986

2) 藤原宮にともなう都城は正史では「新益京」という名称で記述される。一方「藤原京」という呼称は喜田貞吉氏の提唱による（その理由は喜田貞吉「藤原京再考」夢殿，第15冊，1937に詳しい）。爾後，藤原京という呼び方は研究史上余りにも一般化しているが，そのために「新益京」のもつ歴史的性格の追求が曖昧になっている点は否めない。この点において，近時阿部義平氏の主張するように，「藤原京を再度新益京としての視点から見直す」（阿部義平「新益京について」千葉史学，9，1986）ことは必要な作業と考える。

3) 岸　俊男「宮城および京域の推定」奈良県教育委員会『藤原宮』1969
4) 新益京の条坊が東西8坊，南北12条であったことは，大宝職員令の左京職に関する規定からうかがえる。
5) 註1) 井上和人「飛鳥京域論の検証」で言及した。また田村圓澄氏は最近別の視点から，横大路以南の上・中・下ッ道の存在に否定的見解を示している（田村圓澄「飛鳥京の道」東アジアの古代文化，50，1987）。
6) その一部は「大藤原京」説あるいは「原藤原京」説と呼ばれるもの。これらについては若干の論評を呈したことがある（井上和人「藤原京—新益京造営に関する諸問題」仏教芸術，154，1984）。
7) 井上和人「古代都城制地割再考」研究論集Ⅶ，奈良国立文化財研究所学報第41冊，1984
8) 大宝令雑令には度量衡制が規定されている。それと令集解の説くところを総合すると，和銅6年（713）以前の公定尺度には大尺，小尺の2種類があり，大尺の1尺は小尺1尺2寸の長さであったことが知られる。大尺は度地つまり土地測量に使用が限定されており，従前の高麗尺のことである。小尺は唐大尺

に由来し，和銅6年2月の尺度制改定に伴い大尺は廃止され，尺度は小尺に統一される。今日天平尺あるいは奈良尺と呼ばれるのがこれである。実際の尺長は遷都当初の平城宮で1小尺29.6cm，1大尺35.5cmほどであり，藤原宮の遺構からはやや短い1小尺29.5cm，1大尺35.4cm前後の長さが得られる。
9) 具体的なデータについては奈良国立文化財研究所『飛鳥・藤原宮発掘調査概報』1〜17，1971〜1987を参照されたい。
10) 註2) 阿部義平「新益京について」
11) 註7) 井上和人「古代都城制地割再考」
12) 詳細なデータについては年度毎に刊行されている奈良国立文化財研究所『平城宮跡発掘調査概報』および奈良市教育委員会『奈良市埋蔵文化財調査概要報告書』を参照されたい。
13) 大井重二郎『平城京と条坊制度の研究』1966
14) 岸　俊男「遺存地割・地名による平城京の復原調査」奈良市『平城京朱雀大路発掘調査報告』1974
15) 稲田孝司「古代都宮における地割の性格」考古学研究，19—4，1973 など

都城の爛熟と衰退

京都市埋蔵文化財研究所
永田信一
（ながた・のぶかず）

長岡京，平安京はともに完成度の高い都城の領域に達していたが
後者は10世紀後半には京域に変化が起こり，その後終焉を迎える

都城制の集大成ともいうべき平安京の推移と展開は，日本古代史を理解するうえで重要な意味をもっている。日本古代史の実像に迫る歴史の問題と深くかかわっているからである。

平安京の研究はそうしたことから明治以来各観点から注目され，多くの研究が重ねられてきた。他の都城跡とは若干異なり，『延喜式』，『拾介抄』，貴族の日記など，豊富な文献資料に恵まれていることもあり，平安京の条坊復元，貴族の延宅の研究など，かなりの研究の進展がみられた。

しかし，考古資料にもとづく研究については，戦前，戦後を通じて，文献資料の豊富さがかえって禍し，また平安京跡が市街化されていることもあって，昭和40年代まではほとんど進展がみられなかった。ところが最近のここ10数年間の平安京跡発掘の進展はめざましいものがあり，多くの重要な発見を重ねている。

今日までの研究成果をふまえながら，長岡京，平安京とその周辺部を近年増加した考古資料をもとにとらえ直すことによって，従来から述べられてきた都城制の意味を考古学的見地を加えながら再検討してみたい。

1　長岡京から平安京へ

桓武天皇は延暦3年（784）11月11日，水陸両交通に便利な山背国乙訓郡長岡村に平城京から遷都した。長岡京である。新都の造営は急速に進み，延暦4年（785）正月には，早くも朝堂院，内裏が完成し，朝賀の儀式が行なわれている。

しかし，同年9月，造営長官藤原種継の暗殺事件が起こる。この事件は天皇の実弟，早良皇太子を廃し，乙訓寺への幽閉，そして死亡するという展開を示し，波紋を広げる。

造営工事は延暦5年（786）には太政官院，延暦

8年（789）には第2次内裏が完成し，延暦10年（791）には平城宮の諸門を解体移築して都としての体裁がほぼ整ったようである。

延暦11年（792）6月，皇太子安殿親王の病気原因を占うに「早良皇太子の祟り」と出て，新都造営の雲行きはあやしくなる。

また桓武天皇の相重なる身内の死亡が不安をつのらせ，一挙に造営問題にまで発展する。そして延暦13年（794）平安京遷都にまでつながって行くのである。

廃都の原因については，洪水災害説もあるが，早良皇太子の死亡事件を契機に遷都への道をたどったことに間違いない。

この長岡京は短命ではあったが，かなり整備された都城であったことは，最近の発掘調査で確認されている。長岡宮内の朝堂院，大極殿院，内裏などの諸施設が発見されている。

長岡京の街路割りもかなり整備されていたらしく，左京四条三・四坊を東西に貫く道路建設に伴う事前調査[1]でも，規則正しく大路小路が検出され，各大路小路間には大小の建物跡，井戸，溝，土壙などが発見されている。こうした京内での遺構発見例は増加しており，宮内に限らず京内もかなり整備されていたことを示している。長岡京はかなりの完成度に達していた都城である。10年という短期間に宮内に限らず京内も整備した古代律令制の経済力・政治力は多大なもので，日本古代都城制の成熟度を反映している。

2　平安京創設

延暦13年（794）10月，桓武天皇は長岡京をあとに葛野郡宇太村に遷都した。長岡京を廃都して桓武天皇は再度の遷都を行なったのである。

新京の造営を早めるために長岡京の諸施設が移築された。まず遷都を決意して藤原小黒麻呂を宇太村に派遣し，6日後には桓武天皇は東院に移っている。内裏を移築するためである。3カ月後には宮域が確定し，延暦12年（793）6月には新宮諸門の造営が諸国に命ぜられている。内裏はほぼ1年を要して延暦13年（794）6月に一応の完成をみている。宮内の諸官衙がいつ頃落成したか明らかでないが，大極殿が完成したのは延暦14年（795）の暮であったらしい。豊楽院，朝堂院などはまだこの頃には完成をしていない。

一方，京域の整備も急速に進められた。延暦12年（793）9月，新京の宅地が班給されている。条坊制にもとづく街路割りが実施され，急速に町並みの整備が進められた。

『延喜式』によれば，南北1753丈，東西1508丈の長方形プランであり，平安京北部中央に東西384丈，南北460丈の大内裏が設けられ，南北方向の朱雀大路をセンターラインとして左京，右京の両京に分けられている。両京は幅八丈の大路，幅四丈の小路に区画された40丈四方の一町を単位として碁盤目状に配置されている。

この平安京の条坊制を遺跡調査成果からみてみると，条坊制がかなりの精度で施行されていたことがわかる。平安京造営における土木技術の質の高さの証明でもあり，少し詳しく述べる。

われわれが実施している条坊復元案は，地図上の復元ではなく，国土座標にもとづく測量データをもとに数理上の扱いで平安京の条坊を復元したものである（図1）。

まず条坊を復元するにあたって下記のことを前提にした。

(1)　平安京は『延喜式』の京程の記述通りに造営された。

(2)　平安京造営にあたっては同一の物差しが使用された。

(3)　平安京は同一の方位でもって造営された。

これらを前提に，発見された平安京街路の側溝位置を『延喜式』が示す築地真を中心に計算し，1尺＝29.83495 cm，方位（国土座標北から）は−0°13′54″の値を得た。この計算による平均的な誤差は±1.5 m である。

平安京の街路の調査を実施すると，あらかじめ推定した位置に街路側溝が発見されるケースがほとんどであり，『延喜式』の記載が正確であり，平安京の条坊制が完成度の高い土木技術で裏打ちされていたことを証明している。

造都事業は河川の整備，道路建設，諸官衙の建設などを想起すれば，大土木事業であることがわかる。一例として仮りに平安京の大路・小路の側溝を一筋につなぐとすれば，その総延長は600 kmを越え，鉄路で言えば，ほぼ東京〜大阪間にあたる。この溝の土木掘削量を想定しただけでも造都事業が相当な労働力を必要としたと言えるであろう。

延暦24年（805），造宮職が廃止される。いわゆる徳政相論によって決定された。徳政相論におけ

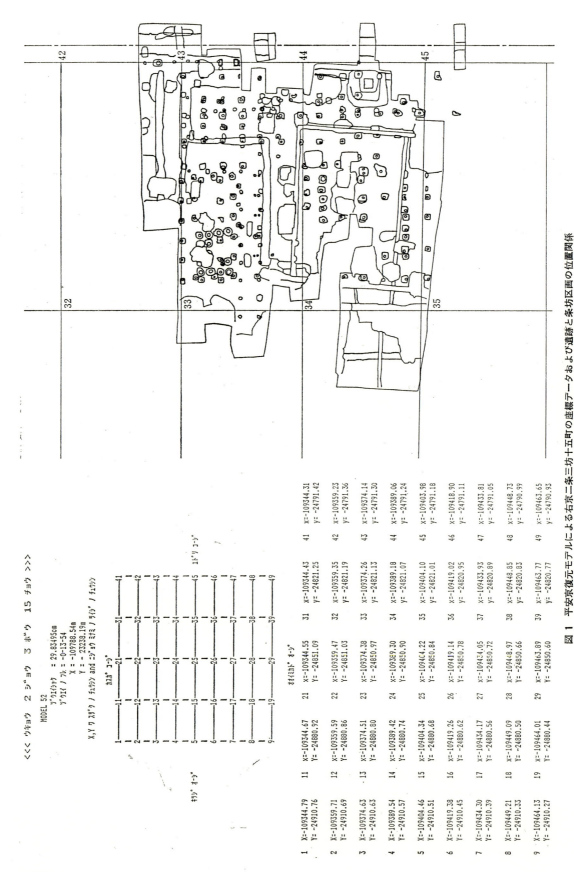

図1 平安京復元モデルによる右京二条三坊十五町の座標データおよび遺跡と条坊区画の位置関係

る軍事と造作の停止は,造都事業の一つの帰結であった。公卿らは奏議して造営による百姓の疲労,災疫による農桑の被害を理由に諸負担の軽減を建言した。

造宮職の廃止は工事の全面的な停止ということではない。延暦25年2月3日,廃止した造宮職を木工寮に合併し,それにともない木工寮の史生6人を加増しているのは,造宮職の仕事が木工寮に継承されたことを示している。事実それ以後,宮廷官衙の造営には木工寮があたり,保守修繕には後に設置された修理職があたることになる。

造宮職の廃止は造作による百姓の疲労解消,負担の軽減,国家財政の建て直しをはかることを目的としたが,造都の観点からみれば,未完の都城というより,諸官衙,街路,廷宅などが整備されたかなり完成度の高い都城の領域に達していたと言えるであろう。

3 平安京の変貌

造宮職が廃止された後,木工寮は宮殿,官衙,あるいは寺院の建造にあたり,その機能は平安時代を通じて果されている。しかし木工寮の権限と責任において工事をする本来の形のものは,元慶初年(877)における大極殿の再建で終止符を

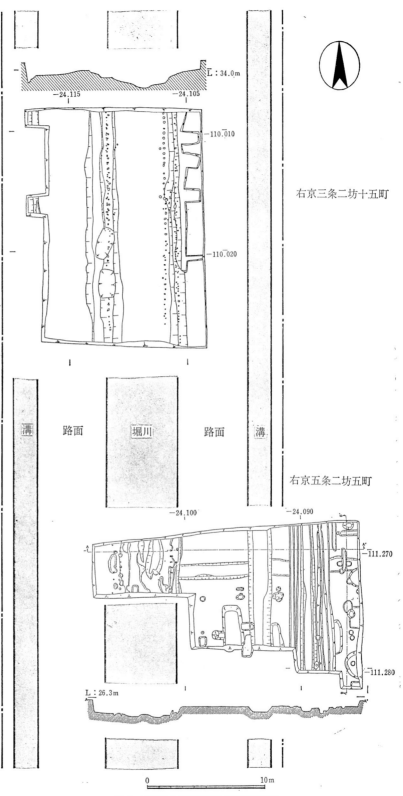

図2 西堀川小路の遺構と道路推定位置

打ったと言ってよい。

それから後は，特定の国々に分担させて造営修築せしめる方法，いわゆる所課国の制度や，さらに特定の人物の経済的奉仕に待つ成功に切り換えられ，木工寮や修理職はその一部を担当するにすぎなくなって行く。

天徳4年（960）9月，遷都以来はじめて内裏が焼亡する。この初度の内裏炎上に対しては早速，再建工事が行なわれ，諸殿舎廊門の造営が諸国に割りあてられた。大工寮，修理職を除く所課国は大宰府管内を除く五畿六道にわたり，主対象は畿内および山陽道，南海道の西国諸国であった。

二度目の火災は貞元元年（976）5月である。円融天皇は藤原朝光の三条第を経て，7月，関白藤原兼通の堀川院に移る。関白の私第がはじめて内裏がわりに用いられるようになる。里内裏の最初である。

以後，焼亡の都度内裏は新造されるが，焼亡があいつぎ里内裏が一般化する。平安宮の一角である内裏のあいつぐ焼亡は，平安京が往時の隆盛を過ぎ，大きな変換点に近づきつつあることを意味していた。

慶滋保胤が天元5年（982）10月に記した『池亭記』は，10世紀後半における平安京を知る資料として著名である。平安京に大きな変化が起こり，右京がすたれ，左京の四条以北に人家が集中し，東や北の郊外に居住地が移りつつあり，地価が上辺と下辺では違っていることを述べている。

この記載は平安京が10世紀後半になるとかなり京域に変化が起こっていることを示している。平安京の発掘資料によってこの事実を確かめることができる。

まず西堀川小路の例を出してみよう。調査地は右京三条二坊十五町付近[2]（中京区西ノ京原町64）と右京五条二坊五町付近[3]（中京区壬生西檜町2の9）の2カ所である。西堀川小路は十二丈説と八丈説があったが，この調査で八丈説に確定した（図2）。

右京三条二坊十五町付近の西堀川は，暗灰色や濃褐色系の泥土層と褐色の砂礫層が交互に堆積していた。最上層の砂礫層は路面とほぼ同じ高さにまで堆積しており，西側に幅1m前後の溝状の流れを残してほとんど埋没していた。洪水によって一気に西堀川が埋めつくされた状況を示しており，出土した土器群からすると右京三条二坊十五

町付近の西堀川は10世紀後半に廃絶したと考えられる。

右京五条二坊五町付近の西堀川も同じように，川の堆積状況からすると幾度か氾濫がくりかえされている。川の廃絶時期は12世紀前半頃と推定される。

他にも，砂礫層や泥土層によって平安時代末までに川が埋まって行く例は，右京三条二坊[4]（中京区西ノ京東中合町1），同じく右京三条二坊[5]（中京区西ノ京原町97）などがあげられる。右京三条二坊付近は，洪水による砂礫，泥土の堆積が激しい地域である。

右京の建物跡の発見例を確かめると，大半の建物跡が10世紀末までのものである。11世紀以後の建物跡はほとんどなく，中世には田畑化しており，中世の堆積土として耕土層がほとんどの地域で認められる。

右京に比して左京は，平安時代以後中世，近世を通じ，各時代の層，遺構が発見される。出土遺物の総量も右京と比較にならないほど多い。『池亭記』で示された四条以北の左京の繁盛ぶりを発掘調査の事例からも推定できる。左京の人口密集度は，発掘で得られた遺構総量，遺物総量が反映している。

右京が衰退し，左京が隆盛して行く過程は，京職を中心とする京域の管理体制が崩壊して行く過程でもある。また所課国の制度や成功などは，平安京創設当初の一元的な国家管理体制である律令制にもとづく造宮職，修理職，木工寮などの国家機関の機能を低下させることであり，平安京が変貌して行く要因にこうしたことを認めざるを得ない。

4 平安京の終焉

10世紀の後半，慶滋保胤の『池亭記』によれば左京の四条以北に人口が集中し，北野方面も宅地化しつつあることがうかがえたが，鴨川をこえた白河の地や，洛南の鳥羽方面の記述は見当らない。

しかし11世紀後半になると，白河天皇の法勝寺にはじまる寺院，いわゆる六勝寺や離宮の造営によって，白河の地や鳥羽の地が脚光を浴びるようになる。

法勝寺は左大臣藤原師実の献上をうけた白河天皇が白河の地に承保2年（1075）造営に着手した御願寺である。承暦元年（1077）12月18日，供養の日を迎え，金堂，講堂，五大堂，阿弥陀堂，法華

堂などの堂宇が建ち並んだ。後に永保3年（1083）10月には九重塔，薬師堂，八角堂が造営され，「国王ノ氏寺」と『愚管抄』が当寺を称するほど壮大華麗な寺院であった。

次いで堀河天皇の御願寺として尊勝寺の造営がはじまったのは康和2年（1100）のことである。康和4年（1102）7月21日に落慶供養が行なわれている。最勝寺，円勝寺，成勝寺，延勝寺なども相次いで造営され，京内二条大路を鴨東にそのまま延長したところに法勝寺の西大門が開かれ，ほかの寺々もこの大路に面して，南北一町ないし四町の規模で造られたと考えられている。白河・岡崎の地は平安京の外京的様相をおびていたと言える。

六勝寺に関する発掘調査で比較的進んでいるのは尊勝寺跡と法勝寺跡である。尊勝寺跡については数次の調査が重ねられ，伽藍の配置がほぼ確定できるようになってきている。法勝寺跡については金堂跡の一部と金堂にとりつく回廊跡の一部が発見されている。

白河天皇が洛南鳥羽に離宮の造営をはじめたのは，応徳3年（1086）11月26日のことである。離宮殿舎の造営に併行して，近習，卿相，侍臣，地下，雑人らも家地を与えられ，舎屋を造営したのでさながら都遷りのごとくであったと言う。

鳥羽離宮の御所の造営に讃岐守高階泰仲があたり，用地を提供した藤原季綱とともに，重任の宣旨を蒙っている。特定の受領の経済的奉仕に頼るという形は，法勝寺以下の六勝寺同様であり，また五畿七道，六十余州に課役し，堀池，築山のことを行なったというから，経費や労働力を諸国に割り当てたと思われる。

とくに受領の成功についてはこの後続々と建造される殿舎，堂塔のほとんどがそれによって遂行された。院政の受領層に対する依存度の強さを示している。

鳥羽離宮はまず離宮の殿舎がつくられ，その後に仏閣堂塔が建立されている。御所と御堂とが不可分の形で存在しているのが特徴である。離宮の広さは百余町というから今の広さにして100ヘクタールをこえるであろう。

離宮は南殿，北殿，泉殿，東殿，田中殿のブロックに分かれる。各ブロックには寝殿とともに南殿には証金剛院，北殿には勝光明院，泉殿には成菩提院，東殿には安楽寿院，田中殿には金剛心院が附属していた[6]。

鳥羽離宮の発掘調査はかなり進んでいる。南殿では小寝殿の遺構，仏堂の遺構が発見されている。北殿の関係では建物の基壇，雨落ち溝，庭園遺構の一部を検出している。泉殿，東殿関係では苑池に関連した遺構，建物の地業などを確認している。

最も鳥羽離宮の関係で知ることのできるのは田中殿，金剛心院跡である。寝殿，金剛心院の庭園，釈迦堂，築地，阿弥陀堂などが発見されている。釈迦堂の地業は掘り込み地業で，拳大の礫と粘質土を交互に版築している。範囲は東西約30m，南北24mで，地業底部から検出した基壇上面までの残存高は約1.5mを測る。

応徳3年（1086），上皇の役所である院庁が配置された。もともと院の家政機関的役所であったが，職制や定員が太政官制のようにはっきり定められておらず，院の実権と政治的介入が大きくなるにつれて，院司の力が巨大化して行った。政治の舞台も六勝寺のある白河や鳥羽離宮などに移って行ったのである。

平安京は貴族政治の中心の地であったが，すでに形骸化し，京職は形式的に責任をもつに過ぎなかった。

安元3年（1177）4月，京域の三分の一が火に包まれ，平安宮の大極殿も焼亡する。これより後大極殿は再建されることがなかった。貴族政治の象徴であった大極殿の消失は，律令体制にもとづく平安京の終焉を意味していた。平安京は名実ともに解体し，中世京都への道を歩むことになるのである。

註
1) 京都都市計画道路外環状線整備事業に伴う長岡京跡の発掘調査を昭和55年度以降毎年実施，（財）京都市埋蔵文化財研究所，未報告
2) 平尾政幸・辻純一「右京三条二坊」『昭和57年度京都市埋蔵文化財調査概要』（財）京都市埋蔵文化財研究所，1984
3) 堀内明博「平安京右京五条二坊」『平安京跡発掘調査報告 昭和55年度』（財）京都市埋蔵文化財研究所，1981
4) 辻純一「右京三条二坊（2）」『昭和56年度京都市埋蔵文化財調査概要』（財）京都市埋蔵文化財研究所，1983
5) 昭和61年度（財）京都市埋蔵文化財研究所調査，未報告
6) （財）京都市埋蔵文化財研究所増補改編『鳥羽離宮跡』1984

特集●古代の都城―飛鳥から平安京まで

都城の構成

都城において，中枢部，官庁街，宅地，寺院などはどのように構成されていただろうか。各時代を通じてその変遷をたどってみよう

内裏と朝堂／官庁街のパターン／
宅地利用の実際／都城の寺院

内裏と朝堂

奈良国立文化財研究所
小林　謙一
（こばやし・けんいち）

内裏内郭の規模は各時代を通じてそれほど大きな違いはない。
大極殿・朝堂は，時の情勢を反映し，それぞれの特徴がある。

　天皇の居処である内裏，政治や儀式の場である大極殿，朝堂は，都城における宮のなかでも中枢部を構成している。古くは，地上にのこる畦畔や土壇，あるいは字名などによって，文献に記載された宮殿の位置を推定していたが，発掘調査が進められるにつれ，遺構の方からも，それらの存在が確かめられるようになってきた。

1　前期難波宮と藤原宮

　律令体制が確立する以前，古代の大王は，政の場を造営し，それは所在する地名などを冠して「○○宮」などと呼ばれた。計画的な都城が出現する以前のこうした宮室のうち，その内部構造がもっとも明らかになっているのは，飛鳥板蓋宮伝承地を中心とする遺跡である。伝飛鳥板蓋宮跡の遺構は上下二層に大別され，上層遺構は，出土した木簡などから飛鳥浄御原宮にあてられている。上層遺構は，飛鳥川東岸沿いにある回廊で囲まれた掘立柱建物群で，東西約158 m，南北約197 m，その南面中央に5間2間の門を開く。この区画は門の北にある東西方向の塀により，さらに南と北に分かれる。北の区画はほぼ正方形で，全域を大形の石で舗装し，塀によって区画された建物や井戸などがある。このような建物配置は，のちの内裏と似た構造といえるであろう。南の区画では7間4間四面廂付の建物が中心で，全域を小砂利で舗装する。

　伝飛鳥板蓋宮跡の東南には，エビノコ郭と称される東西約97 m，南北110 m 以上の長方形の区画がある。9間5間のエビノコ大殿と呼ぶ南面する巨大な四面廂付建物を北半中央に配し，その前面には，広場をはさんで東西に南北棟が並ぶと想定されている。この状況は，のちの大極殿・朝堂院の構造に類するものと考えられている。また，北の区画の正面にエビノコ郭が位置しないのは，東を丘陵，西を東南から北西に流れる飛鳥川にはさまれるという地形上の制約があったからと考えられる。

　前期難波宮　前期難波宮では，内裏と朝堂院が南北に並び，掘立柱建物が計画的に配置される。朝堂院は東西約233 m，南北約263 m の回廊で囲まれ，南に5間2間の門を開く。中央の朝庭部分を広くとり，その東西に掘立柱建物の12堂を配す。第1堂のみ6間3間で，他は12間2間と推定され，第1堂が特別な堂として意識されている状況がうかがえる。また，朝堂院南面回廊の南には，西の諸堂と柱筋のほぼそろう西朝集殿と推定される建物がある。

34

前期難波宮で内裏前殿と呼ぶ9間5間四面廂付の建物は，のちの大極殿に相当する建物であり，この一画が1個の殿院を形成する。回廊と掘立柱塀で方形に区画し，朝堂に面する南面中央には，7間2間の大きな門を開く。区画内の中央に前殿，その背後に後殿をならべ，南門との間の広場をはさんだ東西には，長い建物をおく。朝堂に面する左右には，特異な八角楼の院をつくる。東西幅約115mのこの区画は，内裏の南半に喰い込む形でつくられている。内裏については，回廊で囲まれた東西幅約185mが明らかになっているが，内裏内の状況については不明である。

藤原宮　条坊をともなう最初の本格的な都城である藤原京の中心，藤原宮では，宮中軸線上に，北から内裏，大極殿，朝堂が並ぶ。内裏については，中枢部にほとんど調査が及んでおらず，北面を回廊，東面・西面を掘立柱塀で区画した東西約300m，南北推定約380mの外郭の範囲が知られる程度である。

朝堂院は回廊で囲まれた東西約230m，南北約318mのなかに，左右対称に12の礎石建物を配置する。諸堂の規模は，桁行は第1堂が9間，第2・3・4堂が15間，第5・6堂が12間と異なる。梁間はいずれも4間であるが，第1堂だけ柱間が広く，ここにおいても第1堂だけが特別な堂として扱われているようである。朝堂院南面回廊の南には，東西に14間4間の朝集殿が向かい合って建つ。

大極殿院は，回廊で囲まれた東西約115m，南北約155mの南北に長い区画で，南面中央に門を設ける。その中央に位置する大極殿は，基壇の上に建つ9間4間の四面廂付礎石建物である。後殿はなく，大極殿の背後には一条の掘立柱塀を設けている。大極殿の東西には，回廊が取り付く7間4間の礎石建物がある。この建物を境にして，回廊は南半が複廊，北半が単廊と異なり，前期難波宮の内裏前殿の一画を取り囲む施設と似た様相を示している。

前期難波宮と藤原宮は，朝堂の数が一致するだけでなく，朝堂院回廊幅や，内裏前殿の一画と大極殿院の幅が近似するなどの類似関係が認められる。しかし掘立柱と礎石建ち・瓦葺きという違いだけでなく，朝堂の規模，第1堂と諸堂の柱筋のそろえ方，第5・6堂の位置関係などに相違も存在する。

2　平城宮

平城宮　1955年以来，継続的に発掘調査が進められている平城宮は，古代の宮都において，宮中枢部の構造と変遷がもっとも明らかにされている。中枢部は，朱雀門の北に広がる第1次大極殿・朝堂院地域と，その東にある壬生門の北に展開する内裏，第2次大極殿・朝堂院地域という2つの大きな区画に分けられる。内裏については，当初，中央の第1次大極殿地域にあったもの（第1次内裏）が，後に東方に移った（第2次内裏）とする考えもあったが，発掘調査の結果，奈良時代を通じて第2次大極殿の北にあったことが明らかになっている。

内裏は東西約279m，南北約373mの内裏外郭のほぼ中央に位置する。内裏内郭は，それを構成する主要な建物の変遷から大きく3時期に区分できる。第1期，和銅遷都時，掘立柱塀で囲まれた一辺約180mの正方形の内郭には，中央に11間5間の正殿風建物があり，背後には細長い東西棟が並ぶ。つぎの第2期になると，内郭は南へ少し移動し，東西は同じであるが，南北約189mとなる。なかは，9間5間の正殿と東西に各2棟の脇殿をコの字型に配し，回廊で囲まれた正殿区，その北の後殿区などに分割される。基本的にこの配置を踏襲した形で，内郭の区画が回廊に変わる。第3期は，正殿区が縮小し，後殿区が広がる。正殿区は掘立柱塀で囲まれ，脇殿も東西各1棟となる。このなかでも大きな変化は，正殿1棟を中心とする建物配置から，正殿・後殿の2区画へと変わる点にある。

平城遷都当初の大極殿は，朱雀門の北に広がる第1次大極殿地域にあった。それは東西約174m，南北約318mの築地回廊で囲まれており，南面回廊の中央には5間2間の門を開く。回廊内の北1/3には一段高い壇をつくり，その前面には塼積の擁壁を築く。擁壁の南は礫敷の広場で，中央に幅約40mの南北通路がある。壇上に建つ9間4間の大極殿は，基壇の東西長が50mを越す巨大な礎石建物で，その背後には，9間4間の後殿が建つ。これが和銅創建時の姿で，一段高い壇上に建つ大極殿と擁壁の南に広がる礫敷広場が大きな特徴である。他に例をみないこの建物配置については，唐長安大明宮の含元殿に近い形態で，朝堂院の朝儀・朝政・朝参の三機能のうち，朝儀

のみをとりあげ，大極殿の機能と合わせた結果とする見解が提示されている。

また，恭仁宮大極殿や後述する第2次大極殿の発掘の結果，『続日本紀』天平15年11月条にみえる恭仁宮へ移建した大極殿は，この第1次大極殿であることがわかった。恭仁宮から還都した後，第1次大極殿地域には，長岡遷都まで西宮の殿舎が建ち並び，9世紀初めには，平城上皇が再興した内裏があった。

南に続く第1次朝堂院地域は，東西約213m，南北約284mの区画で，11間4間，21間4間の長大な南北棟礎石建物が東西に相対して並ぶ。南面中央に門を開くが，その南に朝集殿を設けていない。長岡遷都まで続くこの朝堂院地域の成立は，霊亀年間を上限とし，遷都当初に遡りえないことが明らかになっている。ところで，『三代実録』元慶8年5月29日条には，和銅6年のこととして，朝堂の出入に関する記載がある。上記の見解では，この朝堂は，第1次大極殿地域内で想定しうるとする。

壬生門内の第2次大極殿・朝堂院地域には，土壇が残っているため，当初から大極殿・朝堂院の存在が考えられていた。ところが，最近の調査の結果，ここにはそれぞれ計画性をもった二時期の遺構の存在することが明らかになった。上層遺構は瓦葺きの礎石建物で構成され，大極殿・朝堂院の配置をとる。その建設時期は，聖武即位の頃とする考えもあるが，二つの大極殿が同時に存在しえないとすれば，恭仁宮からの還都にともなうものである。

大極殿院は，東西約122m，南北約88mの回廊で区画され，南から5間2間の閣門，9間4間の大極殿，9間2間の後殿が基壇上に建つ。

南の12堂からなる朝堂院は，東西約178m，南北は朝堂院南門までで約284m，壬生門との間は朝集殿院となる。12堂のうち調査の行なわれた東第1堂は7間4間，東第2堂は9間4間で柱筋をそろえ，第1堂を特別とする様子はみられない。

下層遺構は掘立柱建物で構成される。大極殿院地域では東西約71m，南北約80mの掘立柱塀で囲まれた区画があり，上層遺構とほぼ同じ位置に，南から5間2間の門，7間4間の正殿，10間2間の後殿が並ぶ。朝堂院地域では，南限が未調査であるが，掘立柱塀で区画された東西幅は約178mである。東第1堂の下層では，上層建物の西寄りに一部重複して9間5間四面廂付の南北棟，東第2堂の下層では，上層建物と重なって12間3間西廂付の南北棟が，それぞれ検出された。

この下層遺構の年代については，遷都当初の内裏と有機的に結合していることから，当初から一体のものとして計画されていたと考えられる。第1次と第2次の朝堂院南門をつなぐ位置で実施された調査において，奈良時代前半には二つの朝堂院をつなぐ掘立柱塀のあったことが確認されている。第1次大極殿・朝堂院地域，内裏，第2次大極殿・朝堂院地域は，和銅遷都当初から計画的に造営されていったのではないかとも考えられる。

下層遺構の性格については，建物配置などから，これを朝堂とする見解が提起されている。第1次朝堂院地域の成立年代から，この下層遺構を文献に記載する和銅6年の朝堂に当てるものである。東第1堂と東第2堂の下層建物の違いも，第

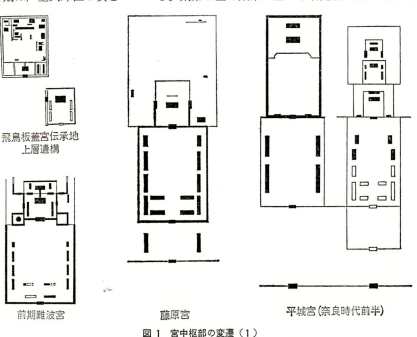

図1 宮中枢部の変遷（1）

飛鳥板蓋宮伝承地上層遺構

前期難波宮　　　藤原宮　　　平城宮（奈良時代前半）

1堂の特殊性によるものとする。2個所に設けた朝堂の併存については，平安宮の豊楽院，朝堂院と同様の機能分化を考え，第1次朝堂院を豊楽院的なものとする見方が強まっている。一方，大極殿下層の正殿については，大極殿とすると，二つの大極殿が併存することになり，また，建物規模の点でも問題が残る。大極殿は併存しえないとすれば，大安殿あるいは朝堂の大殿として理解しなければならない。このばあい，大極殿と朝堂が南北に並ばずに分離するというきわめて特異なスタイルになる。下層遺構については，朝集殿に相当する建物の有無，あるいは殿舎の数など，今後慎重に検討していかなければならない。

奈良時代前半の状況を思いうかべると，朱雀門の正面の壇上に大極殿，その東，宮内でもっとも高燥な地に天皇の居処である内裏があり，それぞれの前面には，朝堂院にふさわしい区画が続く。儀式の場としての礎石建物の区画と政の場としての掘立柱建物の区画が並立していたと考えられよう。この特異な配置も，奈良時代後半には，内裏，大極殿，朝堂が南北に並ぶ配置となった。

3 長岡宮と平安宮

長岡宮 長岡宮では，宮中軸線上に大極殿，朝堂が並び，内裏は大極殿の東方にある。この内裏は，『続日本紀』延暦8年8月27日条に記す東宮（第2次内裏）であり，西宮（第1次内裏）は大極殿の北にあったと推定されている。第2次内裏は一辺約159mの正方形に築地回廊がめぐり，その中央やや南寄りに，9間3間に四隅を欠く四面庇の付く正殿が建つ。

大極殿院は東西約104m，南北約122mの回廊で囲まれ，中央やや北寄りに9間4間の大極殿を配し，背後の7間2間の後殿とは軒廊で結ぶ。平城宮までは大極殿院をめぐる回廊が後殿に取り付いていたが，長岡宮では，後殿が大極殿院内に入り，別に北面回廊の中央に3間2間の門を設けている。

朝堂院は，東西約157m，南北約159mのほぼ正方形で，南面のみが複廊で他は築地塀で区画する。東西各4堂ずつの礎石建物を配し，第1堂から第3堂までの南北棟は柱筋をそろえ，規模も7間2間で同一である。第4堂は南北に庇が付く11間4間の東西棟で，東第4堂では東妻を東第1～3堂の東側柱列にそろえ，西第4堂はその逆で西でそろえる。

長岡宮大極殿は，後期難波宮大極殿を移建したものであることが明らかにされている。また，長岡宮と後期難波宮では，朝堂についても西第1堂の規模や背面中央に階段がない点などの類似点がある。さらに，最近の発掘調査により，後期難波宮は東西約160m，南北約180mのなかに，長岡宮と同様の配置で東西各4堂の建つ可能性が高まり，両者が深く関連していることが知られる。大

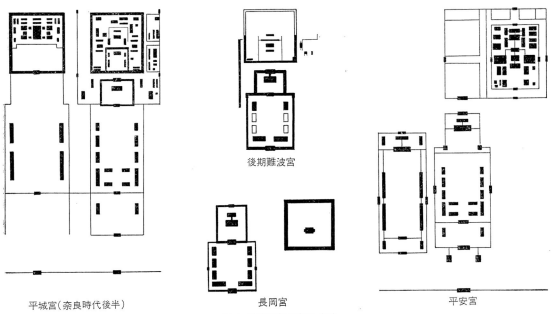

図2 宮中枢部の変遷（2）

平城宮（奈良時代後半）　　後期難波宮　　長岡宮　　平安宮

37

極殿のみならず朝堂も含めて移建したとすることによって，長岡宮が半年という短期間で造営することができたのであろう。

平安宮 平安宮については，多くの文献史料などからその全体像を知ることができる。東西約1145m，南北約1372mの宮の南半中央，朱雀門を入った正面に朝堂院・大極殿があり，その西には豊楽院，また東北には内裏がある。これらの位置関係については，発掘調査によってほぼ確定しえたが，市街地と重なるという制約もあって，具体的な構造や変遷を把握するには到っていない。

各時代を通じて，天皇の居処である内裏内郭の規模には，それほど大きな違いはない。これに対し，大極殿・朝堂院には，時の情勢を反映して，それぞれの特徴が認められる。

藤原宮における大極殿の成立は，律令体制の確立，臣下から隔絶した天皇権力の誇示を目ざしたものである。一方，前期難波宮の内裏前殿と呼ばれる一画は，建物の規模，配置などから，そこが天皇独占の場ではなかったと考えられ，藤原宮との大きな違いが見い出せる。平城宮における奈良時代前半の特異な状況は，朝堂の機能を分けただけでなく，新しい政治スタイルの導入を物語るものである。また，時代が降るにつれ，朝堂が縮小し，内裏と大極殿・朝堂院が分離する傾向は，朝堂が政治実務から離れて朝政が形骸化し，天皇親政から官僚政治への道をたどっていったことを反映していると考えられよう。

参考文献

1) 日本古文化研究所『藤原宮伝説地高殿の調査』一・二『日本古文化研究所報告』第2・11，1936・1941
2) 奈良県教育委員会『飛鳥京跡』一・二『奈良県史跡名勝天然記念物調査報告』第26・40冊，1971・1976
3) 小林　清『長岡京の新研究』比叡書房，1974
4) 狩野　久「律令国家と都市」『大系日本国家史』1―古代，東京大学出版会，1975
5) 岸　俊男「朝堂の初歩的考察」『橿原考古学研究所論集　創立三十五周年記念』吉川弘文館，1975
6) 奈良国立文化財研究所『飛鳥・藤原宮発掘調査概報』6・8，1976・1978
7) 京都府教育委員会『埋蔵文化財発掘調査概報（1978）』1978
8) 鬼頭清明「日本における大極殿の成立」『古代史論叢』中，吉川弘文館，1978
9) 今泉隆雄「平城宮大極殿朝堂考」『関晃先生還暦記念日本古代史研究』吉川弘文館，1980
10) 中尾芳治「難波宮跡十年来（一九七〇～一九八〇年）の調査結果と研究動向」『難波宮址の研究』第七（論考編），1981
11) 奈良国立文化財研究所『平城宮発掘調査報告』XI『奈良国立文化財研究所30周年記念学報（学報第40冊）』1982
12) 向日市教育委員会『向日市埋蔵文化財調査報告書』第10・13・18集，1983・1984・1986
13) 阿部義平「古代宮都中枢部の変遷について」『国立歴史民俗博物館研究報告』第3集，1984
14) 鬼頭清明「日本における朝堂院の成立」『日本古代の都城と国家』塙書房，1984
15) 仏教芸術学会『仏教芸術』154号，特集・宮殿発掘，1984
16) 飛鳥資料館『藤原宮―半世紀にわたる調査と研究―』『飛鳥資料館図録』第13冊，1984
17) 今泉隆雄「律令制都城の成立と展開」『講座日本歴史』2―古代2，東京大学出版会，1984
18) 亀田　博「飛鳥京跡の最近の調査」『季刊明日香風』19，1986
19) 橋本義則「朝政・朝儀の展開」『日本の古代』第7巻―まつりごとの展開，中央公論社，1986
20) 奈良国立文化財研究所『昭和61年度平城宮跡発掘調査部発掘調査概報』1987
21) 坪井清足編『古代を考える　宮都発掘』吉川弘文館，1987

官庁街のパターン

奈良国立文化財研究所
■ 川越俊一
（かわごえ・しゅんいち）

官庁は，藤原宮では個性を欠く。配置に独自性が現われるのは
平城宮の段階で，恭仁京還都後は整然と配置されるようになる

　古代の都城では，大極殿・朝堂院・内裏など宮中枢部の周囲に，平安宮古図にみられるように各々の官庁が整然と配置され，その都城に特徴的な官庁街を形成していたものと想定される。この項の目的は官庁街のパターンの変遷過程を概観することにある。しかし，現実には広大な面積からなる官庁の全容を発掘調査によって明らかにした例は平城宮の官庁の一部に限られ，ほかの都城では，ようやく官庁の一部が判明しつつあると言う状況である。そこで，ここでは藤原宮，平城宮を中心に官庁のパターンを概観するにとどめたい。

1　藤原宮の官庁

　西方官衙地区と東方官衙地区で官庁の建物構成が判明しつつある。

　西方官衙地区の官庁は西面中門以南にあり，西は宮内濠に接する（図1）。敷地の区画施設はないが，東西100m・南北150m以上の占地と推定される。建物4棟を東西6.5m，南北32mの池状の土壙の周囲に，75尺（1尺=0.294m）の方眼地割

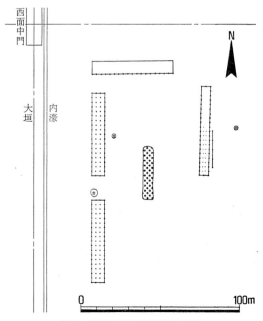

図1　藤原宮西方官衙地区の官庁

によって整然と配置する。建物の一部には建替が行なわれているものの配置に基本的な変化は認められない。内濠寄りに2棟の総柱建物を柱筋を揃えて配置し，その北側に総柱建物と推定される東西棟を置く。3棟の総柱建物は梁行3間が約8m，桁行18間が約49.7mとなる。東には，梁行2間・5.6m，桁行20間・54.3mの南北棟建物を置く。建物の南半11間分には床束があることから，南半部は床張り，北半部は土間であったことがわかる。この官庁には正殿や雑舎にあたる建物が検出されていないため，敷地はさらに拡がるものと推定される。このように，中央に広場をもち，長大な建物で構成される官庁名を直接示す遺物は出土していないが，占地，建物配置や平城宮の官庁例を考慮すると，馬寮と考えてほぼ誤りないものと思われる。

　東方官衙地区では，東面北門から内裏へ通じる宮内道路以南で，東内濠を東限，宮の基幹排水路である内裏東大溝を西限とする範囲に三つの官庁が設置されている（図2）。このうち東の官庁は南面東門へ通じる南北宮内道路を西限とし，道路との間は塀で区画する。東は内濠までと考えられるので東西幅は約185mとなる。南限は未調査であるので不明な点が多いが，東面中門へ通じる宮内道路までとすると約250mの敷地となる。敷地の中には東西棟3棟と南北棟を数棟置く。東西棟3棟はいずれも南側柱列を揃えて直線的に配置され，梁行は2〜3間・5.86〜8.18m，桁行は9〜12間・26.4〜32.5mの規模である。この官庁を構成する建物の柱掘形から「加支伎手官」と墨書した須恵器皿が出土した。官庁名を推定する手懸りとなり注目される。

　宮内南北道路を隔てた西には南北に二つの官庁が想定される。北の官庁は三方を塀で区画しており，東西は約66m，南北は北が東面北門に通じる宮内道路までとすると約88mとなる。当初は敷地内に2棟の建物を配置するが，次期には建物を取り払い，南北塀を設け東と西のブロックに分け

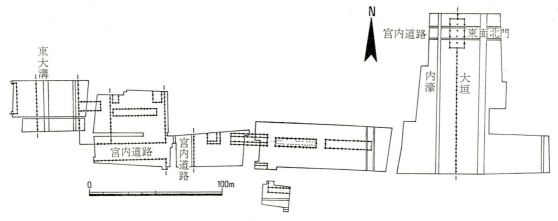

図 2 藤原宮東方官衙地区の官庁

る。東のブロックは西ブロックの4倍の面積があり、中に梁行2間・5.3m、桁行14間・33mの東西棟建物とその両北方に南北棟建物を配置する。西のブロックには東西棟1棟がある。藤原宮はわずかに16年間営まれた都であるので、この建替を単に掘立柱建物の耐用年数という物理的な理由からは説明し難い。むしろ、大宝律令の施行によって官僚機構が整備され、その結果、官庁の細分化が行なわれたものと理解される。

以上の宮内官庁のほかに、最近の調査によって京内官庁と推定される遺構が、宮の南東に接する左京六条三坊で検出されている。敷地は一坊（四町・約265m四方）を占めており、坊の東半部の状況が判明した（口絵参照）。坊の中心から東へ約60mの位置に南北塀を設け区画し、さらにその内側を東西塀によって南北のブロックに二分する。南のブロックでは建物6棟を整然とコ字形に配置する。すなわち、坊の中心に東西棟で桁行7間・20m、桁行4間・11mの正殿を置き、その南方約25mに前殿、正殿と前殿の東には東西棟1棟と南北棟3棟の脇殿を配置する。4棟の脇殿はいずれも梁行2間・6m、桁行7間・20mの同規模の建物である。一方、北のブロックではコ字形配置をとらず東西棟建物3棟と南北棟建物1棟が配置される。同一敷地にありながらも二つのブロックは利用形態が異なっており、南のブロックは正庁域、北のブロックは雑舎域とみなされる。4町占地という点では、宅地班給の規定から、右大臣級の邸宅である可能性も否定できないが、次の奈良時代もこの地が「香山正倉」として引き続き利用されていた可能性が高いことや建物配置の状況を考慮すると、これらの建物は京内官庁と考えた方がよさそうである。奈良時代の堆積層からは「左京職」の木簡が出土しており、京内官庁名を推定するうえで示唆的な資料である。

以上のように限定された調査例ではあるが、現状で藤原宮の官庁の特徴をあげれば、次の2点に要約されよう。官庁の外郭施設は一本柱塀で、建物周囲に空間地の多いこと。いずれの官庁にも長大な建物を直線的に配置し、独自の官庁建物としての個性を欠くことである。この現象を生じた要因としては、藤原宮の段階では官僚機構が整備確立されていないかあるいは未成熟であったため、建物構造や配置に一定の秩序を求める必要がなく、長大な建物を配置し適宜間仕切りして複数の役所が住みわけて執務した[1]ものと考えられる。

2 平城宮の官庁

官庁の遺構が多数検出され、出土遺物や建物配置から大膳式、造酒司、式部省、兵部省、馬寮、太政官？（導積基壇官庁）などの官庁名が判明しているが、ここでは、馬寮と太政官の官庁についてふれる。

馬寮は西面中門と西面北門との間にあり、西は西面大垣、東は宮内道路に面する。敷地は、南北約252m、東西84mあり、2haを越えている。馬寮の遺構は3期に大別され、A期は奈良時代初期から恭仁京遷都（天平12年）まで、B期は天平年間の後半から天平宝字年間頃、C期は天平宝字年間から宝亀年間の年代が考えられている（図3）。

A期は馬寮としての体裁が整った時期である。まず、敷地を南北二ブロックに分け、北を正庁

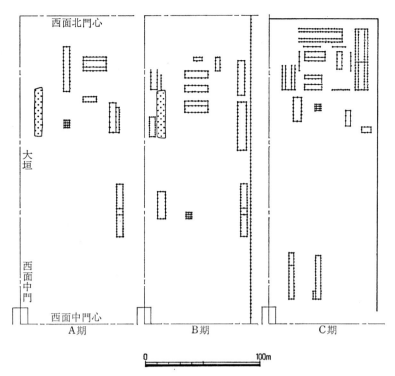

図3 平城宮馬寮の変遷

域，南を馬房と広場として利用し，建物6棟を75尺方眼地割（1尺＝0.297cm）のもとで計画的に配置している。正庁域では桁行7間，梁行2間の身舎に南北廂のついた正殿（桁行20.5m，梁行11.7m）を中央にして，前殿，西脇殿（桁行38.4m，梁行5.9m），南方両脇に倉庫と馬房を配置する。馬房は桁行6間，梁行2間の身舎に東廂のついた南北24.8m，東西8.8mの建物である。また，倉庫の西には南北45m，東西6.5m，深さ0.5mの長大な土壙があり，馬の水洗場と考えられる。南のブロックでは2棟の建物を南北に連結した馬房（南北45.9m，東西5.5～5.9m）を東に寄せて配置し，西側を広場として確保する。

B期は恭仁京遷都後の再造営期にあたる。敷地の範囲や基本的な利用形態はA期と大差ないが，東限を塀で区画することや工房を設けるなど細部については配置状況がかなり変化する。また，建物数も増加し，馬寮の機構が充実していく様相が窺える。北の正庁域では40尺の方眼地割のもとに，梁行2間の身舎に北廂のついた正殿，北に正殿の身舎と同規模の後殿2棟，東には脇殿，その南に馬房をおく。大土壙は水洗場としての機能を失い，その南東に設置された鍛冶工房のゴミ捨て場となる。南ではA期の馬房に加えて新たに馬房と倉庫を配し，広場は南側に確保する。

C期は馬寮が最も充実した時期である。敷地を二つのブロックに使い分けることは基本的に変化ないが，区画施設は，東と北が塀から築地となり，建物数も増加し配置状況もB期とは大きく異なる。北の正庁域では正殿，前殿をコ字形に囲むように長大な建物3棟を配置し，内郭と外郭に分けて整備する。外郭の建物は2間の身舎に両廂の付くもので，桁行52.4m，梁行10.8mの規模となる。南のブロックでは建物を敷地の南西に寄せて配置し，正庁域との間に広場をとる。2棟の建物のうち西は桁行15間，桁行2間の床張りの建物である。東は南北16間，東西2間で南西部の3間に廂の付く馬房である。

太政官（導積基壇官庁遺構）は内裏のすぐ東で宮の基幹排水路である東大溝に接した位置にある。本来，東北官衙地区の西南隅の一画を占め，南北が約125m，東西が約65mの敷地である。この地区の調査において，官人の座る位置を示す「版位」を刻書した塼が出土したことから，太政官に比定されているが，否定的な見解[2]もあり，官庁名については問題を残す。

遺構は恭仁京遷都前のA期と還都後のB期に大別される（図4）。

A期は四周に一本柱塀を巡らし，内部を東西塀でさらに二分し，正庁域と雑舎域に分ける。南の正庁域では，両廂のついた正殿（桁行18.8m，梁行11m）を中央に置き，その南方に正殿と妻柱筋を揃えた前殿，左右に南北棟の脇殿（桁行34.8m，梁行6m）を配置する。正殿の北は塀で区画し，東西棟と雑舎を置く。北のブロックでは，東西棟建物と南北棟建物を塀に沿って配置することによって広場を確保している。

B期は占地や空間利用形態は基本的に変化ないものの，外周をめぐる塀を築地に変え，南面中央には門を開く。南の正庁域では建物の基壇，通路，排水溝を塼や玉石で舗装するようになる。建

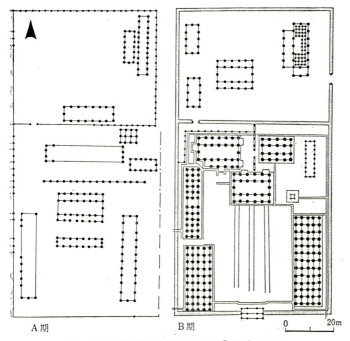

図4 平城宮塼積官庁の変遷（町田章『平城京』より）

物も規模が大きくなり，基壇を伴う礎石建物が現われる。正庁域のうち，中央の正殿，南方の両脇殿および正殿西の南北棟建物は塼積基壇を伴った礎石建物である。また，正殿後方の3棟の建物のうち，西は塼積基壇を伴う掘立柱建物，他の2棟は掘立柱建物である。北のブロックではA期と同様に掘立柱建物を配置するが，正殿風の建物を置くなど若干様相が異なっている。

以上，平城宮における官庁の二つのパターンを紹介した。藤原宮の場合と比べて，官庁の性格によって占地や建物配置が異なり，その官庁の役割に似合った建物を配置している状況が窺える。また時期的には，奈良時代前半期は建物数も少なく，藤原宮の官庁の建物配置を踏襲している感があるのに対して，後半期になると，建物数は増加し，精密な地割計画のもとに建物が整然と配置され，築地で周囲をとり囲むなどさらに官庁の独自性が強調されるようになる。このような状況は，官僚機構の整備に伴い官人数が増え，官庁建物が整備されたことを反映していると考えられる。

3 長岡宮・平安宮の官庁

いずれも市街地の調査であるために，宮中枢部周辺で断片的に官庁の遺構が検出されているにすぎない。長岡宮では大極殿北方や宮の西辺で官庁の一部が明らかになっている。大極殿北方では，築地塀で区画された総柱建物などが検出されており，大蔵の可能性が高いと言う。また，宮西辺では，約240mの敷地の中に梁行2間，桁行27間以上の建物の存在が明らかになっており，馬寮と考えられている[3]。馬寮であれば，藤原宮から平安宮に至る特定の官庁の変遷を明らかにできる資料であり興味深い。平安宮でも，断片的な遺構が検出されているに止まるが，幸いなことに平安宮では鎌倉時代に模写された宮城図が残っており，断片的な遺構でも，宮城図と対比することにより，官庁の性格を把握することが可能である。いずれにしても，長岡宮や平安宮の官庁のパターンを把握するためには，今後の調査に期待すべき点が多い。

官人の容れ物である官庁建物は，官僚機構と密接に関連していることは言うまでもない。この点を踏まえながら官庁のパターンの特徴を要約すると次のようになる。

①藤原宮の官庁は長大な建物で構成され，官庁としての個性を欠く。②官庁の配置に独自性が現われるのは平城宮の段階であり，とくに恭仁京還都後は独自性を高めて規格的に整然と配置される。③一方，馬寮は藤原宮から平安宮に至るまで占地や利用をさほど変化させることなく存続している官庁であり，古代都城における官庁配置の連続性が想定されるようになった。

また，長岡宮・平安宮などの官庁も，恭仁京還都後の官庁パターンを踏襲しているものと推定されるが，具体的な関連性については，今後，資料の増加を待って再検討したい。

註
1) 狩野 久・木下正史『飛鳥藤原の都』岩波書店，1985
2) 町田 章『平城京』ニュー・サイエンス社，1986
3) 向日市教育委員会山中章氏の御教示による。柱筋を揃えた2棟の建物の可能性もある。
4) このほか参考文献として次のようなものがある。
　奈良国立文化財研究所編『飛鳥・藤原宮発掘調査概報』9～17，1979～1987
　同『飛鳥・藤原宮発掘調査報告』Ⅱ，1978
　同『平城宮発掘調査報告』ⅩⅡ，1985
　坪井清足編『宮都発掘』吉川弘文館，1987

宅地利用の実際

奈良国立文化財研究所
■ 本中　真
（もとなか・まこと）

奈良時代の当初と後では坪内の地割りや建物配置の基準となる位置が異なっている場合があり，これは大規模な宅地に明瞭である

周知のように，平城京は一辺約 133.2m の方格地割を基本とし，原則的にはこの計画線の両側に道路幅員の 1/2 長ずつをとって両側溝を開削し，基本となる 1 坪を構成している。

各道路は朱雀大路約 71m，二条大路約 37m，その他の大路約 24m，条間・坊間大路 7〜8m，坪境小路約 6m とそれぞれ幅員が異なるため，当然坪の面積には場所によって大小が生ずることになる。すなわち朱雀大路をはじめとする大路は道路幅員が広いため，これらに面する坪では面積の狭い長方形の坪となり，逆に四周を小路に囲まれる坪では正方形の比較的広い面積を有することになる。

これまでの調査によると，平城宮に近接する二〜四条には上記の 1〜4 坪も占有する大面積の宅地が発見されているのに対し，五条以南，とりわけ八条・九条といった京の縁辺部に近い部分では 1 坪を細かい宅地に分割配分していることが判明している。これは上級貴族層が宮周辺の通勤に便利な地域に居住し，下級官人および京戸が宮から遠隔地に追いやられていたことの証左でもある。

そしてこれらの宅地の広狭やそこに居住したと思われる住民の貧富の差によって，宅地内区画施設や建物の配置，規模，および構造に至るまで自ずと差を生じていることが次第に明らかとなってきている[1]。

本稿ではそうした宅地規模に応じた宅地内の諸施設について事例に沿って検討し，それらに関するいくつかの特徴を抽出すると同時に，2, 3 の問題点についても言及したい。

1　宅地内の地割計画と建物配置

建物を建設する際には，宅地内の建物の大半が施工された後に外構に着手するのが，新旧を問わず一般的であろう。したがって条坊制が施行された奈良時代の当初は，道路が条坊計画線に基づいて決定されるのと同時に，宅地内の地割も条坊計画線に基づいて決定されたはずである。すなわち

当初の建物群は，道路心や道路側溝を基準として位置が決められたことが推定できるのに対して，2 度目以降の増改築時には，宅地の四周を外構となる塀や築地などの施設がすでに巡っているわけであるから，実際の宅地面積を基準として建物の位置，地割が考案されることになる。このことを明確に示す例が，平城京左京三条二坊六坪の宅地である。北を三条条間路（推定幅員約 12m），東を東二坊坊間路（推定幅員約 12m），南西を坪境小路（幅員西 6m，南推定約 6m）にそれぞれ囲まれるこの宅地は，奈良時代前半には宅地の中心を蛇行する流路が南北に貫流し，流路の西側にコの字型に建物が配置される。これらの建物は，すべて条坊計画線（道路心）を基準として位置が決められている。これに対して奈良時代後半は，坪の中心に石組園池が造成され，塀や建物が整然と配置されるが，いずれも四周の道路幅員を除外した宅地の有効面積（厳密には道路側溝心）を基準として位置が決められている。

このような例は，平城京左京二条二坊十三坪の宅地にも認められ，A 期は，西側の坪境小路の中軸線を基準とする建物配置であるのに対し，B 期には，建物を始め，外周の築地塀も道路側溝心を基準としていることがわかる。

以上のように，奈良時代の当初と，それ以後では坪内の地割りおよび建物配置の基準となる位置が異なっている場合があり，この傾向は，1 坪以上を占有する大規模な宅地の場合においてより明瞭である。

さて次に，1 町（坪）をいくつかに分割した宅地の例を見てみよう。

平城京右京八条一坊十四坪では，坪の中央に南北に通ずる道路と，この両側に掘立柱塀に囲まれた南北約 15m，東西約 30m の小さな区画が連続する形で発見され，この中には，4×2 間東庇付掘立柱建物 1 棟，井戸 1 基がそれぞれ配置されていることが判明した。1 坪は約 120〜130m 四方であるから，この区画の南北長は坪の 1/8，東西

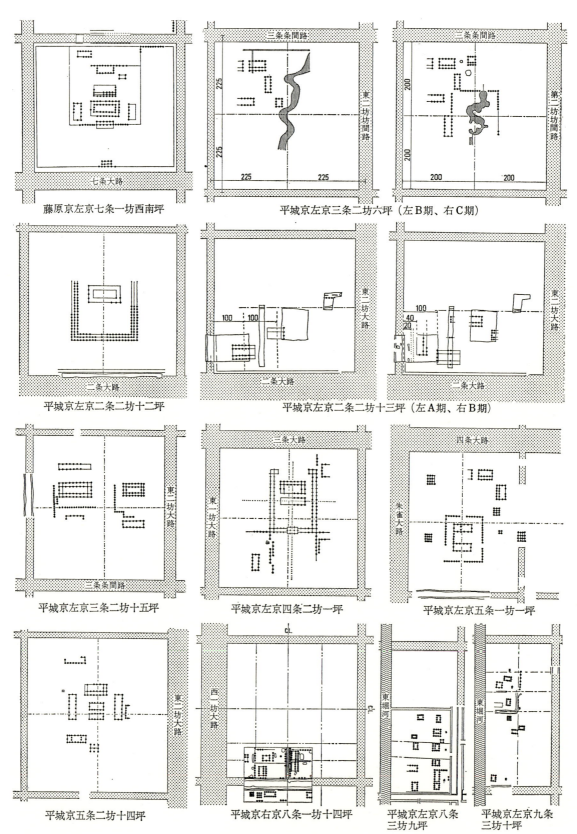

図 1　宅地遺構模式図（単位：小尺＝0.296m）

長は 1/4 に近い値を示していることになり，これらの区画は坪を 1/32 に分割した小宅地であることが推定された。同様の例は，平城京左京九条三坊十坪にも見られ，鍵の手に折れ曲がる通路の両わきに，坪の 1/32 大の宅地が掘立柱塀や溝に囲まれて並んでいる。

このような坪を 1/32 に分割する方法は，平安京において，いわゆる四行八門制と呼ばれる宅地分割手法として定着するが，平城京では正倉院文書中に残る「月借銭解」によって，写経生たる下級官人が借金に際して質者として差し出した動産，不動産の中に 1/32 町（坪）宅地の例がみられ，いずれも八・九条，三・四坊と言った平城京の外縁部に近い位置に集中している。平城京左京八条三坊九坪では，1/32 町の 2 倍の面積である 1/16 町の宅地も発見されており，「月借銭解」に記された小規模宅地の分布状況と極めてよく合致している。

これらの宅地分割手法は，いずれも基準となる位置が明瞭でなく，大きさもまちまちである。また坪内が画一的に 1/16 や 1/32 に分割されているわけではなく，両者が混在している。建物配置も変化に富んでいて一律ではない。南北長が比較的長い宅地（1/8 町）ではL字形に，短い宅地（1/16・1/32 町）では小さな東西棟を斜めに並列する形式とするなど，宅地の形状に合わせた配置形式となっている[2]。

2 宅地内区画施設と宅地割施設

平安時代の寝殿造では，とりわけ里内裏の制度が定着して以降，貴族の私邸では儀式や宴遊が頻繁に行なわれるようになり，寝殿，対，廊などの建物ごとに生活機能に即応した使い分けが行なわれ，引いては寝殿という一つの建物の内部でも昼夜の生活に使用される部分（褻）と公式な儀式などに使用される部分（晴）とに内部空間の使い分けが行なわれるようになる。

一方，奈良時代の 1 坪以上を占有するような貴族の第宅でも，このような儀式や宴会を催していたことは『万葉集』の記述を見ても明らかであり，その準備のための家政機関の場や，日常生活の場というふうに使い分けが行なわれていたものと思われる。ただし平安時代のように 1 つの建物の中で生活機能に応じた明確な空間分化が生じていたとは考え難い。奈良時代以前のそれは，個々

の建物全体がある一つの生活機能に対応していたり，いくつかに分割された宅地内の諸区画がある特定の機能を担っていたりしたものと思われる。

例えば藤原京左京七条一坊西南坪では，坪の中心に 8×4 間四面廂付東西棟建物と，この北側に 6×2 間東西棟建物が心を揃えて建ち，脇殿が左右対称形に 4 棟存在するが，前者を中心とする建物群は，公的な空間，後者が私的な空間と捉えることができる。

また平城京左京三条二坊六坪では，園池の北を画する東西塀以北が井戸や貯蔵穴を併存する家政機関の場，以南が園池を中心とする公的な儀式宴遊空間であることが，プランから読み取ることができる。平城京左京四条二坊一坪，左京二条二坊十二坪，左京五条一坊一坪などにみられる回廊や塀で囲まれた空間には井戸もなく，公的な場であることが推測され，調査では未確認の部分もあるが，これを補完する家政機関や日常生活のための空間が，回廊・塀をとりまく坪内の四周の空間に存在したと考えることが可能である。

一方，平城京左京三条二坊一・二・七・八坪は 4 町を占める大規模な宅地だが，既存の建物群に新たに建物を増築すると同時に，建物の間隙をぬって整然と区画塀を建設している。これは個別の建物が担っていた機能を後に塀でさらに区画することによって強調したものと捉えることができる。

以上のように，1 坪を占有するような大規模宅地では，塀や回廊によって宅地内空間を分割することにより，多様な生活機能に対応していたのである。

これに対し，小規模宅地の場合はどうだろうか。

『延喜式』によると平安京の宅地は，「垣，犬行，溝」によって四周が囲まれ，とりわけ一般庶民は大路に面する坊城の垣に門を開くことは許されず，これができるのは三位以上，四位参議とその子孫に限定されていた。一般の庶民はいわゆる四行八門制の地割に基づいて各町に南北の小路を通じ，これに入口を開いたものと思われる。

平城京の場合，右京八条一坊十四坪，左京九条三坊十坪で確認されているように，坪内に道路を通して各宅地への往来を可能にし，また，各宅地は掘立柱塀や溝によって区画されていたことは左京三条二坊三・六坪の例を見ても明らかである。ただここで注目しておきたいことは，同一坪内の

45

表 1　発掘された宅地・建物と建蔽率

条　坊	発掘年度	A 期 宅地有効面積(m²)	班給	建物棟数	有効建物面積(m²)	建蔽率(%)	B 期 宅地有効面積(m²)	班給	建物棟数	有効建物面積(m²)	建蔽率(%)	C 期 宅地有効面積(m²)	班給	建物棟数	有効建物面積(m²)	建蔽率(%)	D 期 宅地有効面積(m²)	班給	建物棟数	有効建物面積(m²)	建蔽率(%)
藤原京 左京 二条一坊東北坪	1986	1103.7	—	2	52.0	4.7	1103.7	—	0	0	0	1103.7	—	3	31.2	2.8					
二条二坊西北坪	1986	1074.2	—	2	39.5	3.7	1074.2	—	4	86.8	8.1	1074.2	—	3	56.1	5.2					
藤原京 右京 七条一坊西南坪	1986	3227.2	1	9	700.0	21.7															
平城京 左京 一条三坊十五・十六坪	1969	4493.0	2	5	336.9	7.5	4493.0	2	4	494.0	11.0										
二条二坊十坪	1972	960.0	1	4	171.9	17.9	960.0	1	3	181.6	18.9										
二条二坊十二坪	1983	1498.0	1	3	386.0	25.8	1498.0	1	3	408.1	27.2	1498.0	1	3	208.7	13.9	1498.0	1	4	212.8	14.2
二条二坊十三坪	1983	1394.0	1/2	3	205.3	14.7	1394.0	1/2	5	351.4	25.2	1427.0	1/2	7	172.1	12.1					
二条二坊十四坪	1973	607.0	1	3	23.6	3.9	607.0	1	3	53.5	8.8	607.0	1	4	49.2	8.1					
二条二坊十六坪	1981	628.8	1/2	5	103.5	16.5	628.8	1/2	4	60.5	9.6	628.8	1	4	84.0	11.2	628.8	1	4	88.0	11.7
三条二坊三坪	1983	940.0	1	1	18.0	1.9	940.0	1	1	71.3	7.6	940.0	1	2	67.9	7.2	940.0	1	4	62.7	6.7
三条二坊六坪	1975~84	5451.0	1	1	156.4	2.9	5451.0	1	6	385.0	7.1	5451.0	1	5	553.8	10.2	5451.0	1	5	393.2	7.2
三条二坊十五坪	1972	4653.8	1	7	823.6	17.7	4653.8	1	7	717.7	15.4	4653.8	1	5	695.2	14.9	4653.8	1	6	524.4	11.3
三条四坊七坪	1979	1410.0	1/4	2	171.6	12.2	1113.2	1/8	3	124.3	11.2	1992.0	1/2	6	180.6	9.1	3460.0	1	7	430.0	16.5
							480.0	1/4	1	36.0	7.5										
四条二坊一坪	1986	2480.0	—	13	420.5	17.0	2480.0	1	6	491.7	19.8	2480.0	1	5	539.6	21.8					
四条二坊十五坪	1984	503.8	1	1	25.7	5.1	1350.0	1	5	200.6	14.9	1350.0	1	4	446.6	33.0	1350.0	1	5	408.0	30.2
四条四坊九坪	1982	457.6	1/8	1	14.4	3.1	525.12	1	4	79.02	15.0	525.12	1	3	111.4	21.2					
五条一坊一坪	1984	7000.0	1	10	387.9	5.5	8240.0	2	9	431.5	5.2	8240.0	2	4	144.2	1.8					
五条一坊四坪	1974~75	714.0	1/4	4	167.1	23.4	714.0	1/4	4	159.8	22.4	714.0	1/4	4	138.6	19.4					
五条二坊十四坪	1978	1456.6	1/4	3	43.3	3.0	3640.0	1	8	488.6	13.4	3640.0	1	8	653.6	18.0	3640.0	—	5	101.3	2.8
		1011.8	1/4	1	17.5	1.7															
		854.8	1/2	1	23.0	2.7															
五条五坊七坪	1980	1536.0	—	3	86.9	5.7	1536.0	—	4	77.7	5.1	1536.0	—	4	65.8	4.3	1536.0	—	4	56.1	3.7
八条一坊三坪	1984	812.3	1	3	68.6	8.4	812.3	1	4	71.1	8.7	812.3	1	4	74.9	9.2					
八条一坊六坪	1984	1394.0	1/2	6	117.4	8.4	1533.0	1	7	236.3	15.4	1533.0	1	6	118.7	7.7					
八条三坊九坪	1975	1530.4	1/8	7	153.2	10.0	1015.6	1/16	5	89.8	8.8	1015.6	1/16	4	51.3	5.1					
		1176.1	1/8	4	165.0	14.0	518.0	1/8	5	54.5	10.5	518.0	1/8	3	38.9	7.5					
							1176.1	1/8	5	175.2	14.9	1176.1	1/8	6	168.4	14.3					
八条三坊十坪	1975	1368.0	—	5	117.1	8.6	1368.0	—	4	141.3	10.3	1368.0	—	4	116.5	8.5					
八条三坊十六坪	1975	235.0	1/2	1	12.6	5.4															
		332.0	1/2	5	39.1	11.8															
九条三坊十坪	1985						587.2	1/16	3	44.6	7.6	405.0	1/32	2	41.4	10.2					
							432.0	1/16	3	56.4	13.0	310.8	1/32	3	27.0	8.7					
							519.7	1/16	2	14.6	2.8	280.6	1/32	3	28.3	10.1					
							234.2	1/16	1	9.7	4.2										
北辺二坊二・三坪	1978	970.0	2	3	164.8	17.0	790.7	1	2	87.5	11.1	790.7	1	1	29.2	3.7					
							135.0	1	0	0	0	135.0	1	1	15.8	11.7					
北辺四坊六坪	1983	1291.0	1	0	0	0	1291.0	1	3	189.0	14.6	1291.0	1	2	246.4	19.1	1291.0	1	3	408.0	31.6
平城京 右京 五条四坊三坪	1976	650.0	1/4	3	74.6	11.5															
八条一坊十三坪	1985	648.0	—	6	67.2	10.4	648.0	—	6	82.4	12.7	648.0	—	3	96.6	14.9					
八条一坊十四坪	1985	591.3	1/8	1	28.8	4.9	193.0	1/32	1	47.3	24.5	193.0	1/32	1	47.3	24.5					
		1045.0	1/8	3	64.1	6.1	317.8	1/32	1	45.4	14.3	317.8	1/32	3	61.5	19.4					
							363.0	1/32	1	25.2	6.9	528.0	1/32	1	63.1	11.9					
							379.5	1/32	1	48.6	12.8	379.5	1/32	1	48.6	12.8					
							280.0	1/16	1	21.6	7.7	280.0	1/16	1	50.0	17.9					

建物群がいくつかのブロックにまとまって配置されてはいるが，それらのブロックを明確に区分する施設として小溝以外に遺構を検出していない場合があることである。同時に条坊小路に面する間口に，一対の柱穴や断続的な柵条遺構を各建物ブロックに対応する形で検出してはいても，これを相互に接続する施設を検出していない場合もある[3]。この場合，一対の柱穴や柵状遺構は門柱や戸口であることが想定でき，これに連続して宅地境界部分や小路に面した部分にはおそらく土塁が存在し，これがすなわち宅地割施設として機能していたり，あるいはこの土塁上に柵が設けられて区分されていたりしたものと思われる。一般的に宅地内に排水処理のために溝を開削することは必須の条件だが，このとき生じた残土は溝の脇に積み上げられ，この上に柵が設けられていたのではないだろうか？　多くの遺構は後世に大なり小なり削平を受けるため，発掘調査の途上でこの土塁状遺構が残存していることは皆無に等しい。ましてや，その上に柵があったのだとしても，簡易な

施設であるが故に遺構として検出しにくい面がある。百鬼夜行する平城京において，宅地回りの区画施設は防衛上の機能をも持つものであり，下級官人，京戸といえども宅地の外構についてはある程度の注意を払っていたであろう。したがって，宅地の四周に閉塞施設を検出できない場合や，宅地割施設として小溝のみを検出しているような場合にも，土塁や簡易な柵がめぐらされていた可能性は充分考えられるべきである。

従来，1坪以上を占める宅地内の分割施設に掘立柱塀が多く，小規模宅地割施設に溝や坪内小路が多いという傾向が指摘されてきた[4]。しかし，実際には宅地割施設として掘立柱塀を検出している例もあり，またそれ以外にもある程度の防衛機能を果たしうるような施設を想定してみることも間違いではないであろう。したがって，建物の規模と配置状況，およびそこから類推される空間の使われ方によって，その施設が同一宅地内の区画施設であるのか，あるいは宅地と宅地を限る境界の機能を果たすのかを類推するべきであって，単に施設の種類によってのみ画一的に当てはめるべきではない。

3 おわりに

以上，宅地内の様相についてふれてきたわけであるが，最後に平城京内で発掘された宅地の建蔽率について表1にまとめておいた。なおここでいう建蔽率とは，分割された宅地のうち，発掘された有効宅地部分に対する建物の有効床面積を指している。奈良県下随一の近世城下町である郡山の推定復原建蔽率は約40%であるが，これに対し平城京では15～20%と極めて低い値を示しており，古代都城がいかに空閑地の多い建てかたをしていたかがわかる。これらの数値は，都城が街区を伴った都市的様相を呈しているとはいえ，近世諸都市のような稠密化した都市景観とはおよそかけ離れたものであったことを示している。

註
1) 近年の調査によって藤原京でも1～4町の大区画を占める宅地が藤原宮に近接する位置で発見されている。「新益京詔」には右大臣4町，上戸1町，中戸半町，下戸1/4町が班給されたとあり，藤原京の宅地班給の最小単位は1/4町であることが推定されている。今後の調査によって京の外縁部で，このような比較的小さな宅地が発見される余地は充分にある。

2) 小規模宅地内の建物配置形式に関する先駆的な研究として，黒崎直『平城京における宅地の構造』(1978)があり，氏はこの中で，建物の配置形式をL字形，コの字形，雁行形，並列形などに分類し，同時代の都城と農村の比較検討を試みている。これらの形式のうち，雁行形と言うのは，小規模の2つの建物を斜めに並列して配置する形式を指しているが，いわゆる雁行形建物配置というのは，従来近世に建設された二条城二の丸御殿や桂離宮書院の建物配置を指す言葉として用いられてきた。この配置形式は，平安時代に定着した寝殿，東・西対，渡殿，中門廊を持つ寝殿造住宅のうち，あるものは寝殿と対とが直接連結したり，あるものは寝殿に中門廊が直結したりすることによって主殿および主殿とは棟方向を直交させる脇殿とが互いに連続して発生したものである。したがって，ここでいう奈良時代の1類型としての建物配置とは発生経路を異にするものである。むしろ近世のそれは，奈良時代のL字形建物配置に源泉を見いだすことができる。もっとも雁行形建物配置の用法が建築史学上厳密に概念化されているわけではないから，奈良時代の別の建物配置形式に対して用いるのも可能かもしれないが，同一の用語を全く発生経路の異なる別の配置形式に当てはめるのは混乱をきたすことになりかねない。

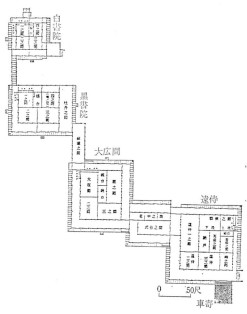

図2 二条城二の丸御殿平面図
(日本建築学会編『日本建築史図集』より)

3) 奈良市教育委員会『平城京左京(外京)五条五坊七・十坪発掘調査概要報告』1982
4) 奈良国立文化財研究所『平城京左京三条二坊三坪発掘調査概報』1984

都城の寺院

奈良国立文化財研究所
■ 上原真人
（うえはら・まひと）

> 古代の仏教政策は都城において集中的に表現されている。都城
> を構成する寺院の変貌は，為政者による寺院対策の変質を示す

1 居宅と寺院

　古代における豪族・貴族の居宅と，その居住者の信仰に直接かかわる仏教施設との関係には，持仏堂型・氏寺型・参詣型・捨宅寺院型の4つの類型が想定できる。第1の持仏堂型は，宅地の一隅や家の内部に仏堂や厨子を設け，仏像を礼拝する型式である。第2の氏寺型は，居宅の隣接地や居住者の政治・生活領域内に寺院を建立する型式である。第3の参詣型とは，政治・生活領域外の遠隔地にある寺院に出向いて祈願・祈禱する型式である。大和興福寺は藤原氏の氏寺であるが，平安京に居宅を構えた藤原氏にとっては，参詣型の仏教施設となる。第4の捨宅寺院型とは，居宅を喜捨して寺院に改造する型式で，宅地ごと施入する方式と，建物を解体して別の寺地に移築する方式とがある。それがひとつの政治・生活領域内での出来事ならば，氏寺型の一変異型と言ってよい。ただし，言葉の上では「喜捨」「施入」と言っても，実際には不用になった居宅の再利用という場合もあって，居宅を改造した寺院が旧居住者の信仰と直接かかわらないこともあるので，第1〜3の類型と趣をやや異にする。

　第1・第2の類型は，仏教施設が居宅に近接する点で共通し，持仏堂型を大規模にすれば氏寺型となるように見える。しかし，この両者は厳密に区別されていた。

　延暦2（783）年6月10日の太政官符で，京職畿内諸国における私寺造営を禁止する（『類聚三代格』）。この禁制は，少なくとも平安京内に関しては厳守され，平安時代を通じて，西寺・東寺以外に京内に顕著な寺院は建立されていない。11世紀前葉，時の権力者藤原道長は，土御門邸（左京一条四坊十五・十六町）の隣接地に法成寺を造営するが，これも東京極大路を隔てた平安京外に立地する。ところが，道長のゆきすぎた行為をたびたび『小右記』で批判した藤原実資は，小野宮邸（左京二条三坊十一町）の改造に際し，邸内の東南隅に念誦堂を建てる。この念誦堂は，藤原広業が「可謂一伽藍」と感心するほど立派なもので，堂を中心に僧房・湯屋・台盤所・井戸などが付属していた（『小右記』）。有職故実の権化とも言うべき実資自身が，京内に伽藍に見まごうばかりの念誦堂を造り，何ら問題にしていない。それは，寺院とは自己完結的な信仰空間・修行空間を構成するもので，居宅のような俗的空間内の一施設で仏を祀っても寺院とは認識されないからである。

　これに関連して，寺院が公共性をもつという点も注意しておきたい。法成寺においては，道長の娘である皇太后妍子が重態になると物怪退散や延命を祈願し，道長臨終に際して極楽往生を願う。まさに，道長とその一族のための私寺である。しかし，金堂供養の予行演習（試楽）に際し，一般の人々が参詣のために群集したのを制止していない（『栄花物語』）。これに対し，小野宮邸の念誦堂を見物した貴族は，いずれも実資自身が直接案内し，余人の参詣は許されていない。

　このような寺院の公共性は，奈良時代でも共通する。平城京大安寺の西の里に住む貧しい女性が，大安寺の丈六仏に花や香や燈油を献じて礼拝し，福徳を得た話（『日本霊異記』中巻28話）などは，一般人が寺域のどこまで参拝できたのかという問題は残るにせよ，寺院の公共性を示すものと言えよう。なお，同じ福徳を得た話でも，平城京右京の殖槻寺近くの里に住む孤児の場合は，宅地内の持仏堂に2尺5寸の観音銅像を安置し，花・香・燈油を献ずる以外に，像の手に縄をかけて引いたという（同34話）。念持仏では礼拝方式にも差があらわれる点を留意したい。

　第3の参詣型が平安時代以降に盛んとなるのに対し，持仏堂型・氏寺型・捨宅寺院型は，豪族・貴族の性格の変質にともなって，その存在形態を変化させながらも，基本的に古代を通じて存続する。たとえば，郡衙や城柵官衙にともなう7世紀後半〜8世紀の在地寺院を，われわれはしばしば「郡寺」と呼ぶ。しかし，郡司は原則として旧国

造などの系譜をひく在地豪族を任命している以上，これも氏寺型の範疇に含まれる。この場合，「居宅」が政府公認の行政施設であることが寺院の性格を規定し，「郡寺」という評価が生まれる。

2　宮殿と寺院

　天皇家の居宅である宮殿や御所と，その信仰に直接かかわる仏教施設との関係においても，前節で述べた4つの類型が適用できる。以下，平安時代以降に盛んとなる参詣型を除外して，各々の具体例をあげる。

　平城宮内には内道場という建物があった。玄昉や道鏡の活躍もここから始まる（『続紀』天平18年6月18日条・宝亀3年4月7日条）。その性格は必ずしも明らかでないが，持仏堂あるいは宮中における法会・修法の場として機能したと想像される。同種の仏教施設として，大津宮の内裏仏殿，飛鳥浄御原宮の宮中御宿院，平安宮の真言院がある。大津宮の内裏仏殿は内裏西殿とも呼ばれ，内裏内郭の西側にあったらしい（天智紀10年10月10日条・同23日条）。また，平安宮の真言院は豊楽院の北，内裏の西にあって，築垣で囲んだ一角に壇所・護摩堂・長者坊・伴僧宿舎・厨所・雑舎などが並び，一伽藍の様相を呈していた（『大内裏図考証』巻30）。

　宮中の仏教施設は中国東晋に起源するという。日本では，孝徳紀白雉2（651）年以降，宮廷内で法会を行なう記録が多く見られることから，前期難波宮の大極殿院西南隅にある掘立柱八角形建物をその初現とみなす説がある[1]。ただし，平安宮の真言院は，空海が唐の内道場にならって曼陀羅道場を設けたことに起源し（『元亨釈書』），宮中の仏教施設が必ずしも日本で独自の系譜をなしたとは限らない。いずれにしても，前節で述べた持仏堂型の仏教施設に対応するものとして，これらを位置づけておく。

　これに対し，氏寺型に対応するのが，宮殿に並置された寺院である。その最古の例は，聖徳太子の斑鳩宮（法隆寺東院地下遺構）の西に隣接する若草伽藍である。そして，おそらく山背大兄王の時に，斑鳩宮の西と東に斑鳩僧寺（若草伽藍）と斑鳩尼寺（中宮寺）とを配した形で完成する。これは，飛鳥寺（僧寺）と豊浦寺（尼寺）とを東西に配し，その間の甘樫丘に居宅を構えた蘇我蝦夷による氏寺型の仏教施設のありかたに合致する。

　舒明紀11（639）年7月条に，大宮と大寺とを造作するとの詔により，百済川のほとりを宮処とし，西の民に宮殿を，東の民に寺院を作らせたとある。これが百済宮と百済大寺で，百済大寺は高市大寺・大官大寺・大安寺の前身と伝える。通説では，百済宮，百済大寺の位置を北葛城郡広陵町百済にあてるが，最近では天香久山の北西麓付近に想定する説[2]が有力である。百済大寺は橿原市木之本町の都多本神社付近を想定する説[3]が妥当と考える（木之本廃寺）。最近，付近が発掘され，百済大寺所用瓦と考えても矛盾しない単弁八葉蓮華文軒丸瓦（摂津四天王寺・和泉海会寺と同笵）・杏葉形唐草文軒平瓦（若草伽藍と同笵）などが出土したが，寺院に直接関係する遺構は明確でない[4]。

　また，近江崇福寺は天智天皇が大津宮に居た時に創建したという（『扶桑略記』第五）。大津宮周辺には，崇福寺以外に南滋賀廃寺・穴太廃寺・三井寺前身寺院などがあり，これらも大津宮にともなう「官寺」とする説がある。しかし，当時の寺院造営に要する期間を勘案すれば，大津宮が存続したわずか数年間に，4つの「官寺」を造営するのは不可能である。後述のように，都城近隣の氏寺を積極的に保護して半ば公営化する方針が孝徳朝にだされているので，南滋賀廃寺・穴太廃寺は本来，大友村主・穴太村主の氏寺で，大津宮時代に整備されたとする説[5]を支持したい。

　8世紀には，近江紫香楽宮造営時に，宮に近接して盧舎那仏造立のために甲賀寺を建立した例がある。現在の「史蹟紫香楽宮跡」はこの甲賀寺跡に該当する可能性が高い[6]。なお，平安時代後期にも，平安京近郊において，寺院を御所・離宮と組合せて造営した例がある。法勝寺を筆頭とする六勝寺などと白河殿，金剛心院などと鳥羽離宮，蓮華王院と法住寺殿がそれで，これらは本寺とそれに付属する子院との関係が発展したものと考えられている[7]。しかし，氏寺型，場合によっては持仏堂型の仏教施設の特殊形態として，これらをとらえることも可能であろう。

　以上，氏寺型に対応する事例を列挙したが，諸豪族の氏寺が隆盛する7世紀代には宮殿が固定しておらず，代ごとの遷宮が慣例であった点が問題となる。蘇我氏の居宅が飛鳥の小墾田・嶋・甘樫丘などにあったように，有力豪族の居宅も1ヵ所に限られないが，それは一定の政治・生活領域を形成している。これに対し，天皇家の宮殿は広範

に移動する。寺院は礎石立・瓦葺という半ば恒久的な施設で，遷宮時にこれを移すのは必ずしも容易ではない。

『続紀』などによれば，平城遷都時に，元興寺（飛鳥寺）・大安寺（大官大寺）・薬師寺を飛鳥・藤原地域から移したという。しかし，一部の出土瓦から建物の部分的な移築が想定できるとしても，実質は新規に造営したと言ったほうが良い。飛鳥寺は本尊を現地に残し，平安時代にも十五大寺のひとつ（本元興寺）にかぞえられ，塔も鎌倉時代（建久7年）に焼失するまで現地にあった。また，藤原京の大官大寺（文武朝）は造営途上で焼失しており[8]，建物の移築は実質不可能であったと思われる。さらに，『薬師寺縁起』所引の「流記」や「寺家流記」では，天平・宝亀頃にも宝塔二基や金堂・僧坊などが藤原京旧地に存続していたことを記す。しかし，薬師寺東塔の檫銘は，創立薬師寺（本薬師寺）の由来のみを記し，伽藍配置を見ても，藤原京の薬師寺をそのまま平城京に再現したという精神は否定し難い。

とすれば，舒明・天武・文武朝における百済大寺・高市大寺・大官大寺の関係も，精神的な意味での寺籍の伝流と理解すべきかもしれない。少なくとも，藤原京の大官大寺（文武朝）の発掘調査で出土した軒瓦は，いわゆる大官大寺式で統一されており，瓦の再利用をともなうような建物の移築はなかったと言わざるを得ない。

要するに，宮殿に並置された「氏寺型」の寺院は，代ごとの遷宮がある限り，天皇家の固定的な「氏寺」になりにくい。これに対し，遷宮時に不用となった旧宮地や宮殿を喜捨・施入する「捨宅寺院型」の仏教施設は，比較的容易に生まれる。

豊浦寺は推古天皇の豊浦宮を改造したものといわれ（『元興寺伽藍縁起幷流記資財帳』），最近の発掘調査で，寺院造営時の整地土の下から掘立柱建物が検出された[9]。ただし，蘇我稲目が向原の家を浄捨して寺にしたという伝承（欽明紀13年10月条）もあって，前身建物が蘇我氏の居宅の可能性もある。また，川原寺（弘福寺）の発掘調査では，下層で7世紀中頃の石組溝などが検出され，斉明天皇の飛鳥川原宮との関係が指摘されている[10]。

奈良時代には，恭仁宮大極殿を山背国分寺に施入した例（『続紀』天平18年9月29日条）がある。発掘調査の結果，恭仁宮大極殿をそのまま国分寺金堂に転用し，塔などを新たに建立して，寺院と

しての体裁を整えたことが判明している[11]。また，総国分尼寺である法華寺は，皇后宮を宮寺とした（『続紀』天平17年5月11日条）のが始まりで，皇后宮は旧藤原不比等邸を光明皇后が伝領したものという。

このように宮地を含めて寺院に施入する方式以外に，宮殿の建物を解体して寺地に移築する方式もあった。唐招提寺講堂は『建立縁起』によれば平城朝集殿を施入したものという。平城宮東朝集殿の発掘調査および唐招提寺講堂の解体修理の結果，元来は切妻造で周囲が開放された建物を，移築時に入母屋造に改造し，扉や壁で周囲を閉塞したことが判明した。また，平安京の東南郊，深草にあった嘉祥寺には，平安宮清涼殿を移築した仏堂が存在した（『文徳実録』仁寿元年2月13日条）。これは仁明天皇が清涼殿で没したことを忌んだためであるという[12]。

3 都城と寺院

前節で概観したように，古代日本における宮殿と寺院との関係は，豪族や貴族の居宅と寺院との関係に相似する。一般に，都城と寺院との関係を論ずる場合，この宮殿と寺院との関係を例示することが多い。しかし，都城と寺院との関係には，別の複雑な側面がある。

都城は宮（天皇の居宅と中央政府の役所を合せた空間）と京（貴族・官人・庶民の居住地）とから成る。それでは，都城における仏教施設は，先述した「宮殿と寺院」と「居宅と寺院」の二相が混在するだけなのかと言えば，そうではない。律令制下の仏教は，「国家仏教」と呼ばれるように，政治的にきわめて変形されている。律令制下の仏教政策の眼目は，僧・尼をどのように掌握し編成するかという問題（僧尼対策）と寺院を代表とする仏教施設をどのように秩序づけ管理・運営するかという問題（寺院対策）の2点に絞られる。本稿では，後者のみを問題にする。

律令制最盛期の仏教施設は，持仏堂型を別にすれば，五穀豊饒・除災招福・王権守護・外敵調伏・内乱鎮圧などの鎮護国家を祈願する場として整備・再編されている。その整備・再編は，都・畿内・七道・国・郡などの行政単位に基づいて行なわれる。なかでも，行政の中枢である都城は，各時代における為政者の仏教政策が集中的に表現される場となる。

蘇我本宗家の滅亡にともない，天皇家が仏教政策の主導を握る。ここで，領域内の仏教施設を積極的に保護することにより，半ば公営化するという方策がだされる。この際，寺院という公共性を多少なりとも備えた氏寺が対象に選ばれる。

摂津四天王寺は聖徳太子が創建したという伝承をもち，本来は難波吉士の氏寺であろうとする説[13]もある。いずれにしても，7世紀初頭に氏寺のひとつとして出発した寺院である。しかし，7世紀中葉には，木之本廃寺（百済大寺?）所用の瓦范を使って，大規模な修理・改造を行なう。まさに「天皇より伴造に至るまでに，造る所の寺，つくること能はずは，朕皆助け作らむ」という詔（孝徳紀大化元年8月8日条）の具体例である。それは，孝徳朝の難波宮造営と無関係ではない。つまり，四天王寺を積極的に保護することによって，これを半ば公営化し，難波宮に直結した法会の場として変質させたわけである。この方策によって，必ずしも固定的とは言い難い宮殿でも，それに半ば付属した寺院を容易に確保できる。

この方針は，天武朝に法令化される。天武紀9年4月の勅では，官治に預る国の大寺，30年を限って食封を有する寺（有封寺），官治に預らぬ寺に諸寺を分け，飛鳥寺は例外として官治の預る大寺に含める。寺格の設定基準は明記されていないが，天智天皇が造営したと推定される川原寺が大寺であるのに，崇福寺（志賀山寺）は有封寺であり（『続紀』大宝元年8月4日条），南大和に分布する檜隈寺・軽寺・大窪寺・巨勢寺などの氏寺が有封寺に指定されている（天武紀朱鳥元年8月21日・23日条）事実を考慮すれば，宮処に近接するか否かが寺格設定のひとつの基準となっていたことは明らかである。

天武紀にみる京・京師の実体は不明であるが，寺格を定めた翌月1日に，京内24ヵ寺に紵などを施入し，金光明経を宮中および諸寺で説かせる。以後，天武紀では，宮中における法会とともに，大官大寺・川原寺・飛鳥寺を頂点とする京内諸寺での法会が頻出する。

天武朝に提示された制度や方針は，藤原京や平城京でも基本的に踏襲され，充実度を増す。藤原京においては，四大寺（大安・薬師・元興・弘福寺）が法会の場として頻出し，持統天皇の49日（中陰）に際して，四大寺に加えて四天王寺・山田寺など33ヵ寺で斎を設ける（『続紀』大宝3年2月17日条）。

山田寺は文武天皇3年6月15日に有封寺に指定されている（『続紀』）。また，都下諸寺に食封を施し（『同』慶雲2年12月9日条），天下太平・百姓安寧を願って都下諸寺に転経させる（『同』和銅元年6月28日条）。

藤原京では，四大寺のうち元興寺（飛鳥寺）と弘福寺（川原寺）が京外にあったが，平城遷都に際し，大安・薬師寺を旧京の条坊位置とほぼ対応させて造営したほか，新たに設けた外京内に元興寺と興福寺（山階寺）を造営し，四大寺をすべて京内に納める。四大寺以外にも，平城京内に数多くの寺院があった。養老4年8月2日には，藤原不比等の病気改復を願い，都下48ヵ寺に1日1夜薬師経を読ませる（『続紀』）。この48ヵ寺を特定するのは難しい。しかし，そのなかには，平城京の条坊にのらず，京造営以前から現地に存在したと思われる海龍王寺，条坊に合致した寺域をもつのに7世紀代の瓦が主体を占め，京造営に際して京外から移建されたと思われる姫寺（左京八条三坊十五坪）なども含まれていたであろう。いずれにせよ，四大寺以外に，氏寺を積極的に誘致・保護せねば，48ヵ寺という数字は生まれてこない。

8世紀における寺院の法会は四大寺，後には東大寺・西大寺などを加えた五大寺・六大寺・七大寺を中心に，京内諸寺で主体的に行なわれた[14]。しかし，国分寺の造営を契機に，新たな局面が生ずる。たとえば，平城宮に居た歴代天皇没後の法会を比較すると，元明・元正・聖武の場合は，大安・薬師・興福・東大寺などの大寺や京内諸寺や飛鳥寺などで，初7日・49日・1周忌などの法事を行なう。これに対して，光明皇太后・称徳・光仁の場合は，大寺・京内諸寺に加えて，49日には諸国国分寺における法事が慣例化している（『続紀』）。元正天皇の死後にも，天下諸国の国司に命じ，7日ごとに自ら潔斎し，諸寺の僧尼を一寺に集めて敬礼読経させる（『続紀』天平20年5月8日条）。しかし，物的基礎を欠く式典は困難である。この勅が実施されたか否かは問わないが，具体的な仏教施設を特定していない以上，これを国分寺の先駆形態と位置づけるのは困難である。むしろ，国分寺の造営を促進した動機のひとつにすぎないであろう。

天皇没後の追福に限らず，8世紀後半以降の法会は，平城京の諸大寺を中心としながらも，畿内・七道・天下諸国に拡大する傾向がある。この

ように全国規模で寺院制度およびそれを基礎とした法会が整うと，寺院がとくに都城内に存在せねばならない理由は稀薄になる。長岡遷都・平安遷都に際して，平城京の諸寺を移転しなかった理由として，しばしば，奈良仏教の腐敗とそれとの訣別という点が強調される。もちろん，そうした一面は否定し難い。しかし，平安遷都直後に，七大寺の常住僧尼を検校し（『類聚国史』巻180，延暦14年7月18日条），新銭（隆平永宝）を七大寺と野寺に施入し（『日本後紀』延暦15年11月14日条），桓武天皇の病気平癒を願って平城七大寺で誦経させている（『同』延暦23年12月25日条）ことをみれば，奈良仏教と訣別したと断言してよいのか躊躇せざるを得ない。

9世紀には，平安京の西寺・東寺を含め，南都七大寺（薬師・大安・興福・元興・東大・西大・法隆寺）に新薬師・本元興・唐招提・四天王・弘福・崇福寺を加えた十五大寺，あるいはその一部を除いた十二大寺・十三大寺，あるいは梵釈・延暦・聖神・神護・常住寺などを加えた二十力寺（十九力寺）が，様々な法会の場として史料に頻出する。また，承和10（843）年2月〜9月の毎月8日に，疫病退散を願い，十五大寺をはじめ七道諸国の国分二寺，定額寺，名神等寺で仁王般若経を講ぜしめた（『続日本後紀』）ように，広範囲かつ長期におよぶ法会の施行も可能になっている。それは，『延喜式』巻21の玄蕃寮式で，宮中や十五大寺・諸国々分二寺における法会の日程，参加する僧尼の資格や人数，費用の出途などを詳細に定めているように，律令政府による仏教政策の実績と伝統に裏打ちされたものである。もはや，莫大な費用をかけて，平安京に寺院を移籍せずとも，畿内・七道諸国という全国的視野に立って，寺院やそこで行なう法会を制度的に掌握できるという律令政府の絶大な自信を，ここに読みとることは可能であろう。

ただし，都城に直属する寺院の伝統は，単に平安京内の西寺・東寺という形のみで残されたわけではない。長岡京では，皇太子安殿親王の病気平癒を願い，京下七寺で誦経させている（『続紀』延暦9年9月3日条）。この京下七寺は，長岡京造営以前から現地に存在した氏寺（乙訓寺・鞆岡廃寺・宝菩提院跡など）であろうと推定されている。また，平安京では近都諸寺が僧綱の検察対象になっていた（『延喜式』巻21）。しかし，十五大寺や国分寺が国家的な法会の場として頻出するのに対し，近都（京）諸寺にそのような性格は認められない。わずかに，天皇即位時に宮中で仁王般若経を講説する際，「あるいは近京諸寺および畿内の国分寺，あるいは広く七道諸国国分寺に及んでこれを行なう」と付記されている（『同』巻21）のが，それが果した役割と思われる。もはや，単に都城に近いというだけの理由で，氏寺に積極的保護が与えられる余地はなくなっていたのである。

なお，8世紀半ば以降における氏寺再編の動きに定額寺制度がある[15]。定額寺に列せられた寺院は70カ寺以上にのぼり，その分布は山城を中心として西は肥後，北は出羽・陸奥に及ぶ。しかも，少なくとも9世紀中頃までは，畿外における定額寺新設数が畿内を圧倒しており[16]，本来，定額寺制度が全国規模での氏寺再編を意図していたことは明白である。

註

1) 薗田香融「わが国における内道場の起源」『仏教の歴史と文化（仏教史学会30周年記念論集）』1980
2) 和田 萃「百済宮再考」明日香風，12，1984
3) 山崎信二「後期古墳と飛鳥白鳳寺院」『文化財論叢（奈良国立文化財研究所創立30周年記念論文集）』1983
4) 奈良国立文化財研究所「左京六条三坊の調査」飛鳥・藤原宮発掘調査概報，16・17，1986・1987
5) 水野正好「南滋賀町廃寺跡試論」『滋賀県文化財調査年報（昭和51年度）』1978
6) 滋賀県教育委員会『史蹟紫香楽宮跡保存施設事業報告書』1967
7) 杉山信三『院家建築の研究』吉川弘文館，1981
8) 井上和人「大官大寺の発掘調査」日本歴史，422，1983
9) 奈良国立文化財研究所「豊浦寺第3次調査」飛鳥・藤原宮発掘調査概報，16，1986
10) 奈良国立文化財研究所『川原寺発掘調査報告書』学報 9，1960
11) 京都府教育委員会「恭仁宮跡発掘調査概要」『埋蔵文化財発掘調査概報 1977〜1986』1977〜1986
12) 村井康彦『古京年代記』角川書店，1973
13) 田村圓澄「四天王寺草創」『日本仏教史1 飛鳥時代』1982
14) 太田博太郎『南都七大寺の歴史と年表』岩波書店，1979
15) 仲野 浩「奈良時代における定額寺」『続日本古代史論集』中巻，吉川弘文館，1972
16) 速水 侑「定額寺の研究」北大史学，6，1959

特集● 古代の都城——飛鳥から平安京まで

都城の生活

都城においては日常どのような生活が営まれていたのであろうか。食や住，業務，穢などについて当時の状況を再現してみよう

官人の文書業務／建設資材の調達／宅地と住宅／官給食と家庭の食事／穢の防止対策

官人の文書業務

奈良国立文化財研究所
■ 綾村　宏
（あやむら・ひろし）

出土遺物の木簡からも，律令官人の文書行政の一端がうかがえる。そこにも大宝律令制定の意味の大きさがわかる。

1　令に規定された公文書類

　この項では，都城での官人の業務において文書を取り扱う仕事が具体的にどのようなものであったかを，主として遺物によって考えようとするものである。ふつう文書業務ということになれば，その中心となるのは古文書ということになろう。しかしここでは，文書業務と考古学との結節点ということで考えれば，発掘調査により出土する遺物のうち，文字資料たる木簡や漆紙文書がそれにあたることになろう。
　律令制は，概念的には，国家が直接に人民を掌握し，これに対する収奪を貫徹することによって成立しえた国家体制であると規定される[1]。そしてその国家の基幹には，近江令を源とし，飛鳥浄御原令をへて，大宝元年（701）に制定され，翌年施行された大宝律令により大成された律令がある。大宝律令は，養老2年（718）に修正され，養老律令となる（天平宝字元年〈757〉施行）。現存の律令は，この養老律令であるが，それは大宝律令と内容的にはほとんど大差がない。さらに大宝令そのものも，令集解所引の古記という注により復元できる条文もある。ところで律令のうち，刑法にあたる律については，逸文でしか残っていない

が，令はその注釈書である「令義解」「令集解」の存在により，ほぼ全体が復元されるのである。
　律令体制が確立すると，行政は文書により施行されることになる。すなわち養老公式令には，律令制下で発給された各種文書に関する規定が詳細に記載されている。この公式令に則って作成された文書は，奈良時代のものはそのほとんどが正倉院文書として伝存している。「官人の文書業務」と題するからには，これらの古文書を視野に入れて記述すべきであろうが，ここでは発掘にかかわる関係ということで木簡について述べることにする。その前に公式令に規定された公文書類について，一まず概観しよう。
　養老公式令は，条文89ヵ条を数え，30篇ある令の篇目のなかでも最も条文の数が多い。内容としては，公文書の様式および作成，文書の施行上の諸規定を中心に，その他駅鈴・伝符および駅の運用，官人の秩序と服務に関する規定，訴訟手続など広範なものを含んでいる。これは大宝公式令においてもほぼ同様であったと考えられる。公文書の様式に関する条文は21ヵ条ある。それらは，天皇の仰せを伝える文書（詔書，勅旨），天皇への奏上文書（奏，案件の重要度により三種ある），皇太子に関係する文書（令旨，啓），太政官などへの上

53

申文書（解，牒，辞），官司相互間で取り交す文書（移），緊急時に出される文書（飛駅），位を授ける文書（位記），公文書や人・物資の送受確認の文書（計会帳），交通文書（過所）に分類される。大宝元年（701）3月，それまで官人に位を授けるのに冠でもってしていたのを，位記を授けることになったように[2]，大宝令の制定を画期として，公文書の制度が確立し，律令体制は急速に文書主義の時代に移っていったのである。その場合，紙に書かれた文書が，文書行政の大半を担うことになろう。それら奈良時代の古文書はそのほとんどが正倉院に伝存されていて，その数約 15,000 通といわれる。内容は，正倉院収納器物関係文書や写経所・寺院造営関係文書が主たるものであり，それによって当時の各種文書がしられるだけでなく，その紙背文書として，大宝2年美濃国戸籍をはじめとする戸籍・計帳・正税帳などとともに，各官庁の往復文書・書簡類・造寺写経に関わる文書など数多く含まれている。正倉院文書は天平中頃から宝亀の初め頃のものが最も多い。

　このような公文書の様式の確立——すなわち公式様文書の成立に対応して，木簡の様式との比較により，木簡の文書行政へのかかわり方，大宝公式令との関連が明らかとなろう。次に先学の成果を学びつつ，その点につき述べてみたいと思う。

2　木簡研究の成果

　木簡の形態は，短冊型の木片に墨書されたものを基本型とし，その用途・機能により，端部に切り込みを入れたり，また端部を尖らせたりしている。また小孔を穿ったものもある。またその内容により，文書木簡（文書簡・記録簡），付札木簡（貢進物付札・物品整理付札），習書木簡，その他に分類される。一般に文書木簡は短冊型，付札木簡には端部に加工したものが多いなど，内容と形態との間に関連性をもっている。なお，木簡は，戦前にも数点の発見をみていたが，1961年1月に平城宮跡の内裏北方官衙の土壙から 40 点発見されたのが，発掘調査による出土のさきがけとなり，それ以後，全国各地の遺跡での木簡の発見をみている。現在では中・近世の出土木片に墨書のあるものを含めると，ほぼ 200 以上の遺跡から 50,000 点にものぼる木簡が出土しているのである。ただし，木簡の文字の訂正や，再使用に際して，木簡の表面の文字の部分を刀子で削りとるが，その際

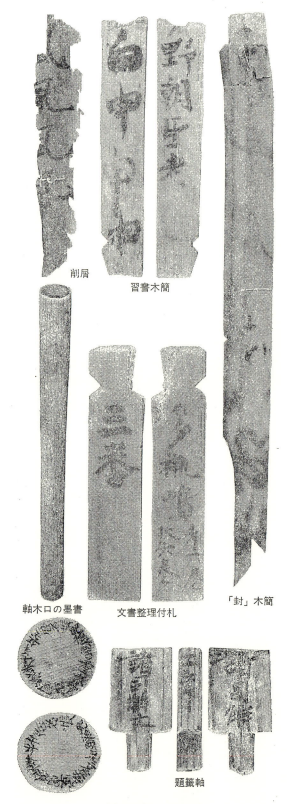

削屑　　習書木簡

軸木口の墨書　　文書整理付札　　「封」木簡

題籤軸

文書整理の木簡と習書木簡

に生じる削屑がそのうちの多くを占めている。木簡の概念の問題として，木簡が文書行政に関わったことを示す存在といえる削屑の存在の有無を指標としようとする考えがある。そうすると，中・近世の塔婆や柿 経 などは木簡には含まれないことになるが，厳密な考察のときには当然であろうが，当面は木簡の範囲を広くとり，できるだけ資料収集に努めているという段階であろう。

ところで，本誌第18号（1987，2刊）では，「考古学と出土文字」という特集が行なわれ，木簡などについて，口絵写真とともに，直木孝次郎氏「木簡研究の意義」，今泉隆雄氏「木簡」，平川南氏「漆紙文書」などの諸論考が収載されている。

直木論文では，藤原宮木簡による郡評論争の結着，五十戸一里制木簡の存在と浄御原令との関係，木簡による贄制研究の進展，門号と過所木簡などについて述べ，木簡の記載内容による研究成果をあげている。また漆紙文書に関する平川論文は，漆紙文書は木簡とは異なり，文書そのものといえるが，やはり出土遺物である点に留意して，出土状況，文書の内容と遺跡・遺構の性格と年代との関係の問題，さらに漆そのものの研究についても論究している。

ところで今泉論文は，文字資料研究の現状として木簡に関して，木簡の資料的特性とその内容分類，筆記材料としての木と紙とのちがい，文書木簡と荷札木簡の用途と機能の問題，習書木簡・具注暦木簡・大型木簡について，文書木簡における日付の位置の変化と「某の前に申す」木簡，木簡の作り方など木簡そのものに関する問題，さらに中・近世木簡や，遺跡・遺物と木簡との関係など，多側面から記述している。現在における研究動向と成果・問題点について簡潔・明確に指摘されているといえよう。

3　木簡と大宝令

文字資料としての木簡研究の現状については，上述今泉論文を観取していただきたい。木簡に関する研究段階と問題点の要点は今泉論文につきるのであるが，そこにも採りあげられている諸論考によりつつ，木簡と文書の狭間をみてみよう。

文書木簡には，大別して文書簡と記録簡がある。文書簡は，その記載内容から特定の相手に差出者の意志を伝達する手段として用いられた木簡をさし，その場合には差出所と受取者（宛所）の間の授受関係が明らかなものをいう。

文書簡を，内容的に分類するのに，岸俊男氏の所説に従うと次のようになる[3]。

A　物品の移動に関するもの。とくに物品の請求文書が多く，支給に関するものもある。

B　人員の移動に関するもので，それには召喚・発遣に関わるものや，過所などがある。

C　その他に属するものとして，宣命や詔，また告知札などがある。

ところで，木簡が物品の付札として使用されるのは，その材質の堅牢性などからみて，ある意味では当然であるといえようが，木簡がこのように文書簡として使われることは，紙の文書とのかかわりにおいて重要である。

一方，記録簡には，物品の出納の記録や，官人の考選（勤務評定）関係の木簡，歴名簡などがある。

物品出納の記録簡としては，米・酒など日毎の物品の出納を記したものや，ヒサゴの購入記録など多種にわたる。そのなかには穿孔のあるものもあり，これは同種の木簡を紐で一括しておくためであろう。記録簡には，上記のような時々の記録を保存しておき，一定期間後それをとりまとめて紙に認めるという木簡の記録補助材的性格が指摘されている。式部省の考課木簡も側面に孔を有し，官人個人の勤務成績が木簡に記され，それが紙の正式な書類をつくるもとになったとされている[4]。

文書簡と律令の関係に関する研究として近年二つの優れた論考がある。岸俊男氏「木簡と大宝令」，早川庄八氏「公式様文書と文書木簡」である[5]。

従来より貢進物付札の記載について，浄御原令制下では，例えば，

庚子年四月　若狭国小丹生評　　（藤原146号）[6]
　　　　　　木ツ里秦人申二斗

のように，日付が例外なく冒頭にきているのだが，大宝令が施行された大宝2〜3年頃を境として日付の位置が末尾に変化することがいわれていたが，岸論文ではさらに貢進物付札のみでなく，文書簡・記録簡についても年紀が文言の冒頭から末尾に移っており，これもほぼ大宝2年頃を境として変化していることが指摘された。

また藤原宮木簡で上申文書として用いられる「宛先の前に申す」という書式がみられ（口絵木簡参照），また同時に上申文書として大宝公式令に規定されている「解式」に則った文書簡も多く出土している。そしてこの両者それぞれに記載されている官職名を勘案すると，「宛先の前に申す」

文書簡にみえる官職名には，大宝令施行前とみられる「宮守官」などがみられるのに対し，解式に則ったものには，「造兵司」「内膳司」「織部司」など大宝令施行後といえる官職名がみえるのである。なお細部では検討の余地を若干残すとはいえ，おおむね大宝令施行の前と後とでは上申文書の文書簡にもその書式に変化があり，施行後は原則として大宝公式令に則っているのである。岸論文ではこの日付位置の変化を朝鮮より中国からの影響にあるのでないかと考えている。

木簡と公式様文書との関係を，より詳細に考究したのが早川論文である。ここでは，公式令にみえる上申文書・下達文書・平行文書の様式のそれぞれについて，正倉院文書と文書簡の実例を掲げ，その特徴を述べている。

なおここで，出土した文書簡の様式を下にあげておく。

文書の種類	藤原宮木簡	平城宮木簡
天皇の意志の表出文書	*詔	口勅 *勅旨
上奏文書	*奏	
下達文書	*符　召	*符　召
上申文書	*解　前白(曰)　謹通	*解 *啓 *状
平行文書		*移
下達・上申・平行を兼ねる文書		*牒
その他		案 *宣　返抄

*公式令記載の文書様式を示す

早川論文では，下達文書の符・召・告と充，平行文書の移，上申文書の辞・解・請と進・啓と状・通，下達・平行・上申文書として用いられた牒，上奏文書の奏などの木簡にみられる各種の様式について，正倉院文書と木簡の双方から例示し，各様式の特徴を指摘している。そしてさらに『宛先の前に白す』文書簡を通じて上申文書の様式の変化を述べているが，以下，上記の各文書様式のうち，いくつかの様式をとりあげ，その論点にふれておこう。

下達文書として一般的な符は，官司あるいは官司類似機関が管下の官司あるいは官司類似機関に対して命令を下す場合に用いられるもので（正倉院文書にも官人に下したものも存在する）（口絵），宛所が省略されることはないが，差出所はしばしば省略されることがある。また署名の位置は，他の様式の文書と異なって，日付の前にくるのを本来とする。召（召文）も署名位置からみて，符式の

系統の下達文書であることはあきらかである。

解式とその他の上申文書の関係について，次のような図式を考えておられる。大宝令施行以前の上申文書の様式としては「前曰」形式のものと，中国の私状の影響をうけた啓・状とが平行して用いられた可能性がある（いずれも個人に対して上申する場合に使用）。しかし大宝令が制定・施行されて，官司を宛先とする解・牒・辞が採用されると，上申文書には解が用いられるようになった。しかし，「前曰」簡と啓・状は一部に個人へ差出す上申文書として残った，とされるのである。早川論文は詳細かつ多岐にわたるため，大宝令施行とに関わる件について掲げてみた。

以下では，公式令に載っていない様式の文書簡についてふれてみる。

召（召文）は人員の召喚状として用いられる文書簡の様式であるが，召は早川氏の指摘のごとく符・牒の系列の文書であるが，このような様式に包括されたのは大宝令施行の前後であって，「召文」の方が符・牒より古い様式であるとの見解がある[7]。また，「請」の文言のある文書簡も，請飯文書のように食料・物資を請求するときにしばしば使われるが，これも，

弾正台笠吉麻呂請根大夫前　桃子一二升
　　　　　　　　　　　　奉直丁刀良
（藤原77号）[8]

のような過渡期的形態をともなうことからみて，これも「宛先の前に白す」文書簡との共通性をみいだすことができるのでなかろうか。なお，この木簡には大宝令施行後の官職とみられる弾正台がみえることから，施行後の可能性が強いとされるものの，「前白」簡との書式における関連性には充分留意してよかろう。そうすると，「宛先の前に白す」簡の書様が，口頭の世界に深くかかわっているという指摘が注目される。「宛先の前に白す」簡には日付がないのは口頭で述べる形式をとどめているからである。

律令国家の官僚機構の整備・確立がすすみ，その法制的総仕上げでもある大宝令の施行によって機構が円滑に機能するためには，それまで所々に残存していた口頭政治的色彩を文書行政へと移行させていかなければならなかった。そしてその現われが，木簡の記載様式にみられるのである。

召・請のごとく，公式令には規定がみられない様式が，文書・木簡をとわず数多くみられることは注目されよう。また，「前白」簡が，解に移行

したとき，「前白」簡ならば内容を追う場合，冒頭から追っていけばよいのであるが，解になっては順序が逆になったため，事書を冒頭に置く意味があったのではなかろうか。

伝存文書が少ないため文書ではしりえない大宝令施行前後の状況を，木簡を通して理解できるし，その影響を木簡が当然のごとくうけていたことにその当時の木簡の役割の意味が理解できよう。

4 木簡にみる文書業務

最後に木簡にみられる文書業務の一端について若干述べておこう。

考課木簡として，官人の勤務成績を記す側面に孔を穿いた木簡はカードとして用いられ，紙の正式な文書を作成するのに用いられたことがしられる[9]。これらの考課木簡は平城宮南東隅南面大垣内側の溝から出土しているが，その東流する溝の西方域には，文官の人事を掌る式部省があったと想定されている。なおこの東南隅の地域からは，考課木簡に関連して，地方から中央に送られてきた考文・考状なども整理保管されていたであろうが，そのなかで多褹嶋（種子島）分の付札がみられる。また肥後国益城軍団の兵士歴名帳は巻子になっており，その棒軸木口には文書内容を記した墨書がある。各種文書も整理され，題簽軸のあるものもみられる。また文書簡を束ねた上に，切り込みのある木簡をのせて「封」をし，移動したと考えられる木簡が平城京の宮跡庭園遺跡から出土している（以上挿図参照）。さらに公式様文書のなかには通行証である過所式がみられるが，過所木簡も平城宮宮城門付近で出土している。

文書簡は，人員・物資の移動にかかわる側面をもつよく意識しておく必要がある。平城宮内で出土した木簡に官司名がみえることをよりどころとして，官衙の位置が想定されていくが，つねに木簡の移動という点を忘れてはならない。しかし記載内容，遺構の状況などから，官衙比定の有力な拠りどころにはちがいない。

貢進物付札においても，単なる荷札というだけでなく，各段階における検納のために必要であることが重視されている。若狭調塩木簡（口絵）の裏面にかかれた別筆とされる「量豊嶋」存在がそうであるし[10]，今泉論文で述べられた長岡京の場合もそうである。

なお，官人たちが，文書業務にたずさわるため

の素養の向上のため，各種書物の勉学にいそしんだことは，多くの習書木簡とその削屑の存在でしられる（挿図）。習書のために木簡がよく使われたようで，岸俊男氏はそこに紙と木の使い方のちがいを考えており[11]，また削屑にみる文言の断片から，東野治之氏はその当時勉学にいそしんだ書籍を数多く指摘されている[12]。また木簡の書風も中国の影響のもとに変化したことがしられるが，これも文化摂取の積極性の現われともいえよう。

なお添紙文書は，出土遺物である点を除けば文書そのものである。したがって，形態・内容的検討は古文書学の範疇ということになろう。しかし，出土遺跡も東国を中心に数を増し，100点以上出土した多賀城をはじめとして，鹿の子C遺跡の検田帳など，胆沢城跡の古文孝経断簡・兵士歴名簿など重要な資料が数多く発見されている。平城京でも小子小女歴名の出土をみている。添紙文書も遺物として遺跡とのかかわりそのものについての分析，保存についての難しさなどが課題としてあろう[13]。

註

1) 早川庄八「律令制の形成」『岩波講座日本歴史 2』1975
2) 続日本紀　大宝元年 3 月甲午条
3) 「木簡」（『日本古文書学講座 2』1978）。なお，横田拓実氏の分類によれば，(1)某官司からの命令，(2)某官司への報告（上申），(3)請求文書，(4)物資の送状（進上），(5)某官司における出納記録，となる。この場合は，文書様木簡として把握しており，記録簡も含んでいる（「文書様木簡の諸問題」『研究論集Ⅳ』所収，奈良国立文化財研究所，1978）
4) この記録簡について東野治之氏に「成選短冊と平城宮出土の考課木簡」（『正倉院文書と木簡の研究』1977）などの優れた論考がある。
5) 岸論文『木簡研究 2』1980，早川論文『木簡研究 7』1985
6) 奈良国立文化財研究所『藤原宮木簡』
7) 鬼頭清明「『召文』についての二つの問題」信濃，38-9，1986
8) 奈良県教育委員会『藤原宮』
9) 注 4）東野論文
10) 東野治之「古代税制と荷札木簡」『日本古代木簡の研究』所収
11) 「木と紙」（『宮都と木簡』所収）
12) 『日本古代木簡の研究』所収諸論文参照
13) 平川　南「漆紙文書に関する基礎的考察」『国立歴史民俗博物館研究報告 6』所収，1985，佐藤宗諄・橋本義則「漆紙文書集成」木簡研究，9，1987

建設資材の調達

奈良国立文化財研究所
毛利光俊彦
（もりみつ・としひこ）

都城の建設にあたっては大量の瓦や木材，石材などの資材が畿内
の各地から調達されたが，旧都の資材を再利用することもあった

都城の建設は，膨大な労力と資材を投入し，しかも短期間のうちにすすめる必要があった。そのためには，より合理的な技術を開発し，より広範な生産組織を編成しなければならなかった。平城京の場合では，宮の建設に造宮省と宮内省木工寮，京の建設に造平城京司，また寺院の建設に臨時の造寺司が設置され，各地に営まれたそれぞれの付属工房などから資材が調達されたのである。廃都の宮殿や寺院などを解体して再利用することもあった。

建設資材で大きなウエイトを占めるのは，柱や板などの木材，屋根に葺く瓦，建物の礎石や溝の護岸に用いる石材などである。

1 瓦の調達

わが国古来の建物は屋根を板や茅などで葺いていた。屋根を瓦で葺く方法は，中国では古く商代にまで遡るが，わが国では朝鮮半島から伝来した仏教の寺院建築に採用されたのが始まりである。宮殿を瓦葺きとする試みは，飛鳥小墾田宮で行なわれたが実効をみず，藤原宮においてはじめて実現された。これまでの調査によると，瓦葺きとするのは，藤原宮では大極殿・朝堂・宮城門・大垣など主要な建物に限られるが，平城宮では内裏周辺の殿舎や官衙にも広がっていたことが明らかである。一方，京内の建物について政府は，724 年（神亀元年）に五位以上の高官と財力のある一般民に対して，瓦葺きで白壁丹塗り柱の家を建てるように奨励している。この奨励は，平城京内に瓦葺きの建物があまりなかったから出されたもので，事実寺院や貴族の邸宅を除くと，そのほかに京内から瓦の出土するところはほとんどないのである。こうした状況は平安京においても同じであったと推測される。瓦葺き建物が一般にまで及ぶのは江戸時代に入ってからのことである。

古代の瓦には屋根面に葺く丸瓦・平瓦，軒先に飾る軒丸瓦・軒平瓦，棟に用いる熨斗瓦・面戸瓦・鬼瓦・鴟尾などがある。最も多量に出土する

のは丸瓦と平瓦であるが，軒瓦でもたとえば藤原宮ではこれまでに 54 種，約 2 千点，平城宮では約 270 種，約 5 万点が出土している。藤原宮の建設に際して必要だった屋根瓦の数を試算すると約150 万枚，平城宮の場合だと朱雀門だけで約 4 万枚，全域では 500 万枚以上と推定できる。大規模な建替えや殿舎の維持修理に要した瓦を加えると，その数は莫大なものとなる。

（1） 藤原京の瓦

藤原宮の瓦は，瓦当文様や製作方法，原料である粘土の質の違いなどから 8 群に区分でき，そのうちの 5 群については供給された瓦窯が判明している[1]。藤原宮南方の高台・峰寺瓦窯，日高山瓦窯，久米瓦窯，藤原宮西北方の西田中瓦窯，安養寺瓦窯がそれである。日高山瓦窯と久米瓦窯は藤原宮に近いが，高台・峰寺瓦窯は約 8 km，西田中瓦窯と安養寺瓦窯は約 16 km 離れている。高台・峰寺瓦窯は紀州方面とつなぐ古道，巨勢道に沿った場所に立地しており，生産された瓦はこの陸路をたどって藤原宮内の建設工事現場に運び込まれたのであろう。安養寺瓦窯と西田中瓦窯は法隆寺がその先端にある矢田丘陵の，それぞれ西と東に位置する。陸路をとって藤原宮まで瓦を運んだとすれば，法隆寺の西方から南々東の方角にほぼ一直線に延びる古代の斜行道路，いわゆる太子道を通ったことが考えられる。あるいは水運によったのかも知れない。西田中瓦窯は富雄川の，安養寺瓦窯は竜田川のすぐ傍にあり，いずれも川も少し下れば大和川の本流に合流する。この本流に流れ込む飛鳥川を南に遡れば藤原宮の西南隅近くに，また寺川を遡れば藤原宮の北辺，横大路の傍までたどりつくことができる。

藤原宮での瓦の出土状況をみると，宮の中央に位置する大極殿・朝堂院では主に高台・峰寺瓦窯の瓦が使用され，大垣ではいくつかの瓦窯の瓦が混用されていたことがわかる。製作方法からみると高台・峰寺瓦窯および日高山瓦窯，西田中瓦窯，安養寺瓦窯の瓦は粘土紐を巻きつける方法，

久米瓦窯と他の製作地不詳の瓦は粘土板を巻きつける方法をとっている。量的には前者が多く，宮造営に使われた多量の瓦をつくるにあたり，粘土紐巻きつけ法の果した役割は極めて大きいといえる。粘土板巻きつけ方法は6世紀末に朝鮮半島から寺院建築技術体系の一部として伝えられた製作方法で，7世紀代の造瓦技法の主流を占めるものであった。これに対して粘土紐巻きつけ法は，熟練を要する粘土板巻きつけ法より技術的にはるかに簡単であり，膨大な需要に応じることのできるものであった。また，組織の上からみれば瓦の大量生産体制を確保するため，既存の熟練した造瓦工人の他に新たに多数の工人を補充しなければならなかったことが，より容易な製作技術を採用することになったのであろう。この粘土紐巻きつけ法は藤原京内に営まれた官寺である大官大寺の軒瓦の約半数に認められるが，藤原宮や大官大寺よりやや先に造営された，同じ藤原京の官寺である本薬師寺の出土瓦には認められない。つまり，藤原宮や大官大寺の造営にあたっては，一部に既存の造瓦組織を組み込みながらも，新たにおそらくは須恵器工人らを動員した大規模な官営工房（高台，峰寺瓦窯，日高山瓦窯など）が設立され，瓦生産体制の中枢的な役割を果したものと理解されるのである。

　藤原宮へ瓦を供給した瓦窯がどのように経営されていたのかはまだ十分に解明されていないが，日高山瓦窯では丘陵の西斜面でこれまでに登窯と平窯が計4基確認されている[2]。登窯は壁体を版築で構築した特異な半地下式で，平面が長方形に近い。また，階段が6段と少なく，床の傾斜も約17度とゆるやかである。久米寺瓦窯や本薬師寺へ瓦を供給した五条市牧代瓦窯が同じ登窯であっても飛鳥寺瓦窯以来の傾斜の強いトンネル式であるのと異なる。平窯は壁体を日乾レンガで構築し，床は段がなく奥壁に3条の煙出しを設けている。類似した形態の平窯は唐代の瓦窯にみられ，藤原宮の官営瓦窯の設立にあたっては新たに大陸の技術を導入したことが推測できる。

（2）平城京の瓦

　平城宮からは多種多量の瓦が出土するが，その中には藤原宮から搬入して再利用したものが数パーセントある。とくに朱雀門や大垣あるいは第1次朝堂院の南門や塀などでは出土比率が高い。宮の造営にあたっては，まずこうした施設の建設が急がれたのであろう。

　平城宮の造営にあたって生産された瓦は，藤原宮の瓦より一まわり小型である。藤原宮の場合と比較して丸瓦や軒丸瓦の製作方法は大きな変化がないが，平瓦や軒平瓦はそれまでの桶巻き作りにかえて，成形台で一枚ずつ作る，いわゆる一枚作りになる。この変化は，平城宮の造営にあたって比較的容易にしかも多量に瓦を生産する必要から生じたものと考えられる。平城宮所用瓦の生産は，宮のすぐ北にある奈良山丘陵に営まれた官営の瓦屋で行なわれた（図1）。奈良山一帯には各時期の瓦窯が数十ヵ所分布していることがわかっているが，これまでに中山瓦窯，押熊瓦窯，山陵瓦窯，歌姫瓦窯，歌姫西瓦窯，音如ヶ谷瓦窯などが発掘調査されている[3]。中山瓦窯は西大寺の古図に「瓦屋里」とあるのにあたり，出土瓦からみて，平城宮の造営当初から奈良時代中頃まで中心的役割を果たしたと考えられる。瓦窯はこれまで計10基が発掘されている。それらは藤原宮の官窯である日高山瓦窯の系譜をひく平面が長方形に近い傾斜のゆるやかな登窯や，壁体を日乾レンガで構築し，2～3条の煙出しを設けた傾斜のゆるやかな登窯や平窯である。奈良時代前半もやや遅れた時期には，山陵瓦窯（2基）や歌姫西瓦窯（6基）さらには押熊瓦窯（6基）の操業が開始され，焼成室の間口が奥行よりも広い小型の平窯が主体となる。奈良時代末頃には音如ヶ谷瓦窯（4基）や歌姫瓦窯（1基）の操業が始まり，瓦窯もロストルを伴った平窯となる。瓦窯の小型化は当然のことながら瓦窯数の増大を必要としたであろうが，反面，築窯の簡便さから瓦の量産も可能にしたと考えられる。ロストルの考案は瓦を硬く均質に焼成する上での工夫であろう。

　瓦窯1基の瓦焼成能力は，登窯の場合だと700～1,000枚，平窯の場合だと400～500枚と推定され，月3回のフル操業を行なったとしても登窯だと月産3,000枚，平窯だと月産1,500枚を大きくこえることはない。平城宮造営の需要にこたえるためには，1ヵ所の瓦屋だけでなく数ヵ所の瓦屋がそれぞれ少なくとも10基程度の瓦窯を同時操業させていたものと推測される。

　瓦屋の経営については，音如ヶ谷瓦窯で資材置場かと考えられる小規模な掘立柱建物が数棟発掘されている程度で実態が明らかでないが，平城宮や恭仁宮などからは木印で「宗我部」「刑部」「大

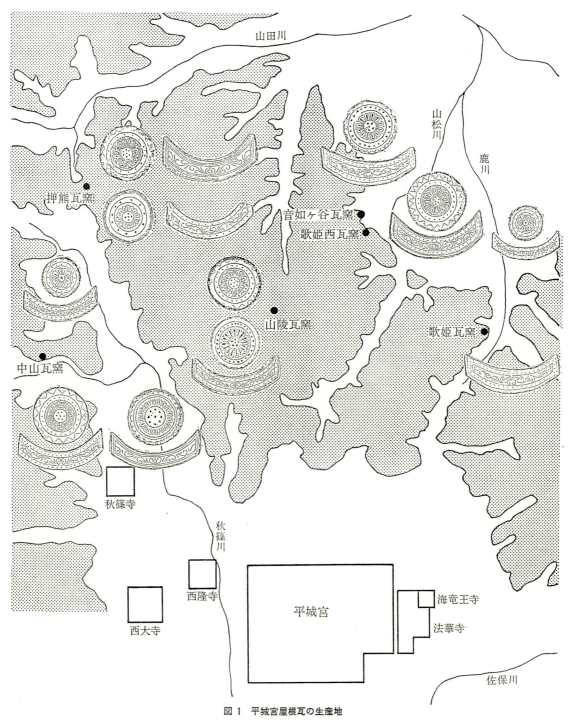

図1 平城宮屋根瓦の生産地

伴」「真依」などの人名とみられる文字を押捺した瓦が出土しているのが注目される。この文字瓦は、本来は恭仁宮造営時に製作されたもので43種あり、しかも文字印の種類のちがいが瓦の厚さと重量の差異に対応することから、工人43人が自ら製品に印を押捺したものと推測されている[4]。また、恭仁宮ではこの他に文字印のない瓦が出土しており、これを別の工人の製品とみた場合、出土数の比率から4人程度の工人の存在が推定できるという。人名を押捺する必要のない工人が工房に直属した常備の工人、人名を押捺した工人が出来高払いの工人のようであるが、恭仁宮の造営にあたっては、少なくとも50人近くの瓦工とおそらくはその下で働く雑役用の多数の仕丁が組織され

60

ていたことを窺うことができ，ひいては平城宮の瓦屋の組織をも類推することができる。一方，平城宮からは瓦当面に「修」の1字を飾った軒平瓦や「修」「理」「司」の刻印のある丸・平瓦が出土している。修理司は平安京の修理職に先行する令外の官で，平城京の西隆寺の発掘調査で出土した造営関係の木簡にその名が見え，少なくとも西隆寺の造営時，767年（神護景雲元年）頃には存在していたと考えられる。修理司の瓦はその出土量からみて平城宮の大規模な造営とは別個に，比較的小規模な修理に用いられたのであろう。この時期，767年に平城宮では東院玉殿が造営され，屋根に瑠璃瓦（三彩・緑釉瓦）が葺かれるが，それらがどこで生産されたのかはまだ明らかでない。

瓦の運搬に関しては，平城宮の第1次朝堂院の東側の溝から「進上瓦三百七十枚」という書き出しで始まる729年（神亀6年）の木簡が出土し，その内容から16人で女瓦（平瓦）を各10枚，9人で鐙瓦（軒丸瓦）を各8枚，23人で宇瓦（軒平瓦）を各6枚運んだこと，運送にあたっては葦屋石敷なる人物が付き添っていたこと，などが判明している。この場合は人が瓦を背負って運んだのであろうが，たとえば正倉院文書には法華寺金堂の造営に関して「堤瓦九百枚運車九両賃」の記載などがあり，荷車も利用されたことがわかる。中山瓦窯・押熊瓦窯は秋篠川の上流に位置し，瓦は水運を利用して平城宮に運ばれたのであろうが，山陵瓦窯・歌姫西瓦窯・歌姫瓦窯は奈良山丘陵の奥深い所や北辺部に位置し，奈良坂越えや歌姫越えなどの，山城と大和を結ぶ古代の街道を通って平城宮に運ばれたのであろう。

平城京では寺院をのぞくと瓦が多量に出土することは稀であるが，左京の一条三坊十五・十六坪・三条二坊六・七坪などごく一部では比較的多量の，しかも各時期を通して平城宮と同范の瓦が出土する傾向にある[5]。これらはいずれも1町もしくはそれ以上の敷地を占有するもので，宮と密接な関係をもつ公的な施設ないしは親王・大臣クラスの邸宅地と推定され，屋根瓦も官から賜与された可能性が強いと考えられる。他方，最近の調査によって平城京の宅地からは，平城宮の瓦と文様は似るが范を異にした軒瓦，あるいは薬師寺や京外西郊の追分廃寺などと同范の軒瓦が散見されるようになってきたが，これらがどのようなルートで供給されたのかはまだ解明されていない。

平城京には1町程度の寺地をもつ服寺や穂積寺などの氏寺もあるが，都城を一層華やかにしたのは薬師寺・興福寺・東大寺などの官の大寺である。遷都後間もなく造営された薬師寺は藤原京の本薬師寺，元興寺は飛鳥寺を移したものであり，大安寺も藤原京の大官大寺の後身である。いずれの寺院からも旧地で用いられた瓦が出土しており，平城京内での造営にあたっては少なくとも部材の一部を運び込んで再利用したことが窺われる。不足分は新たに生産して補充しているが，瓦窯そのものはまだ発見されていない。興福寺は藤原氏の氏寺として建立され，ごく一部には前身の厩坂寺の瓦も運び込まれたが，720年（養老4年）の「造仏殿司」の設置以後，官によって造営が継承されることとなった。創建時の瓦窯は寺域の東南にある荒池瓦窯が推定されるが，他に寺から北東に約4km離れた梅谷瓦窯でも創建瓦を焼成したことが明らかである[6]。奈良時代後半には官の大寺が相次いで造営されたが，その中で瓦の調達を如実に物語るのは東大寺の場合である。正倉院文書によると，東大寺の造営にあたって設置された造東大寺司の造瓦所は，長である別当（将領）2人の下に直接瓦の生産にあたる瓦工8人と雑役夫としての仕丁18人で組織され，少なくとも7基の瓦窯と瓦の生産に係る建物を4棟以上もち，月産12,000～13,000枚の瓦を焼成し得るものであった。隔月操業として年間に約7.8万枚の瓦が生産されたことになる。だが，これだけでは需要をまかなうことができず，興福寺に3万枚，また摂津職を通じて四天王寺・梶原寺に計2万枚の瓦を発注して急場をしのいでいる。789年（延暦8年）に造東大寺司は廃止されるが，それに先立つ780～782年（宝亀11年～延暦元年）には僧房所用瓦19万枚の調達に，僧実忠自らが「寺家造瓦別当」に任じ，寺自身が付属瓦屋を設けて瓦を生産するようになる[7]。時代はやや前後するが，1047年（永承2年）に始まる興福寺再建の様子を記録した『造興福寺記』には，東大寺・薬師寺に各2ヵ所の瓦屋，元興寺・大安寺に各1ヵ所の瓦屋が存在したことを記しており，平城京に営まれた官の大寺が，造営完了後は寺自身が工房を保持して伽藍の修理にあたったことを窺うことができる。

（3） 平安京の瓦

長岡宮・平安宮においても，平城宮の場合と同様に，旧都の瓦を搬入して再利用していることが

明らかである。大和と山城を結ぶ街道が木津川と交叉する所は，古代の物資集散の重要拠点，泉津（京都府木津町）と呼ばれた所であり，川底から多量に出土する平城宮と同笵の瓦は，廃都後にこれらを長岡宮に運び出したものと考えられている[8]。長岡宮では他に難波宮の瓦が運ばれ，平安宮ではさらに長岡宮の瓦が再利用されたのである。

平安宮の造営にあたっても官営の瓦屋が設けられた。まず，大阪府吹田市にある岸部瓦窯が築かれたが，距離が遠いためか，間もなく平安宮の北約3kmの西賀茂瓦窯に移り，さらには平安宮の北東約5kmの幡枝瓦窯で本格的な生産が行なわれた。瓦窯は大部分がロストル式平窯であり，岸部瓦窯では少なくとも9基の同時操業が推測され[9]，西賀茂瓦窯では4基を最小単位とするいくつかの群で瓦屋が構成されていたことが推測されている[10]。西賀茂瓦窯や幡枝瓦窯では一部で緑釉の瓦も焼成され，それらは大極殿や豊楽殿の軒を彩ったのである。また，西賀茂瓦窯の瓦は貴族の邸宅にも供給されたことが判明している[11]。9世紀中頃における，これら山城北部の官営瓦窯では，軒丸瓦の製作にあたって，瓦当と丸瓦部が剝れるのを防ぐためにいわゆる一本造り技法が開発され，以後11世紀初頭まで官営工房で盛行をみることになった[12]。他方，平安京内における寺院の造営は，仏教勢力を排除するため，東寺と西寺の官営の2寺が建立されたに止まる。西寺の瓦は大阪府枚方市牧野瓦窯から供給されたことが明らかである[13]。両寺の瓦の製作には瓦当文様の類似することなどから，かつての造東大寺司の工人が関与していたことが推測されている[14]。

平安時代前・中期における官営の瓦屋経営の実態は，835年（承和2年）の太政官符や延喜式に詳しい。それらによれば，平安宮への瓦供給を管掌したのは式部省木工寮で，造瓦の指導的地位に立つ長上工2人の下に工・夫が組織されていた。延喜式には「自二小乃，栗栖野瓦屋一至二宮中一車両廿文」と，2ヵ所の瓦屋の存在と，車で瓦を運んだことを記す。小乃・栗栖野両瓦屋については，軒瓦の瓦当面に「小乃」「栗」の銘をもつもの（図2）が出土することから，前者は京都市左京区上高野小野町の御瓦屋の森瓦窯，後者は前述の幡枝瓦窯に比定されている[15]。この他に，平安宮からは瓦当面に「修」の銘がある軒瓦が出土している。これが令外の官である修理職の製品であ

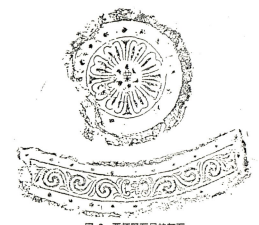

図2　栗栖野瓦屋銘軒瓦

るならば，平城宮の場合と同様に，大造営にあたる木工寮と修理にあたる修理職との2系統の供給体制が存在したことになる。

平安時代後期に入っても中央の官営瓦屋は幡枝瓦窯を中心に，たとえば軒丸瓦の折り曲げ技法にみられるような小型化・量産化といった技術革新や，12世紀中頃を初現とする巴文や剣頭文の新しい文様の創出を行なっているが，10世紀後半以降の律令体制の破綻によって，瓦の供給は次第に地方の瓦屋（丹波・播磨・讃岐・尾張など）が占拠するようになる[16]。平安宮へ地方産の瓦が多量に流入するのは，国司の重任・揺任といった売官制度の代償として内裏や鳥羽離宮あるいは六勝寺などの造営を諸国に割り充てる，国充制の出現によるが，1119年（元永2年）に焼亡した山城仁和寺の再建に際しては南都において瓦を交易しており，平安時代末には瓦が売買の対象に変化していったことが推測される。

2　木材の調達

建物の柱は，宮殿では直径30〜50cm，寺院の主要堂塔では直径40〜60cmのものが使用されていた。材質はほとんどがヒノキで，一部がコウヤマキである。藤原宮で使用された柱の数を試算すると，朝堂院だけで2,130本あまり，宮を囲む塀と門では少なくとも1,500本に及び，宮全体では数万本が必要であったとされる。平城宮の場合だと全体で17万m³，15cm角で長さ3mの柱とすると約250万本ほどと推定される。60m²程度の今の木造家屋だと，ほぼ14,000戸が建築できることになる。柱だけでなく，屋根や天井，壁・床などの板材あるいは檜皮も大量に必要であった。

また井戸や橋などにも木材が必要であった。

『万葉集』の「藤原京の役民の作る歌」に,

いはばしる近江国の衣手の田上山真木さく檜の
つまでをもののふの八十宇治川に玉藻なす浮べ
流せれ（巻1, 50）

とある。藤原宮の木材は近江田上山でかなりの部分を伐出し, 筏に組んで宇治川を下り, おそらく木津川を遡って泉津で陸揚げし, 奈良山丘陵を越えて運び込んだのであろう。田上山から藤原宮まで直接距離にして約54kmある。平城宮の場合でも近江や伊賀で伐出し, 木津川を下って泉津に営まれた泉木屋に集積し, 奈良坂越えで陸運されたと考えられる。平城宮の柱は, 年輪年代法による測定の結果, 伐採年代が古く, 藤原宮から搬入して再利用した材が存在することも判明している。一方, 東大寺の造営にあたった造東大寺司には, 木材の加工を行なう木工所とは別に, 木材を調達する現地の作業所が伊賀に置かれていた（伊賀山作所）。正倉院文書には, 東大寺の造営が急を告げた時期には, 材木15,036本が伊賀国から運び込まれた記録がある。

3 石材の調達

古代の建物はほとんどが掘立柱建物であるが, 宮城内の主要な建物である大極殿や朝堂あるいは門, さらには寺院の主要堂塔は基壇外装を施した礎石建物であった。京内の宅地でも, たとえば平城京三条二坊六坪や四条二坊十五坪などごく一部の邸宅には礎石が用いられていた[17]。

礎石には円形の柱座や地覆座を造り出した立派なものから平らな自然石を利用したものまである。材質は凝灰岩, 安山岩, 花崗岩などである。産地は, 凝灰岩が奈良と大阪の県境, 二上山周辺, 奈良春日山中, 兵庫県高砂市宝殿など, 安山岩が奈良三笠山周辺, 花崗岩が奈良盆地東部の大和高原一帯と推定されている[18]。奈良盆地東南部に産する花崗岩は本薬師寺などで使用されているが, 平城宮や薬師寺でも見られ, 平城京遷都に際して搬入し再利用したと考えられる。平城宮や京内寺院の石材は, 二上山と春日山中の凝灰岩, 三笠山周辺の安山岩が多く採用されたことが, 材質鑑定で明らかになっている。このうち, 凝灰岩は軟質であるため, 主に基壇外装に使用された。

石材は礎石や基壇外装だけでなく, 溝や池の護岸にも用いられた。平城宮の幹線排水路の一つで

ある東大溝は一部を凝灰岩の切石で組み, 一部を安山岩の玉石積としている。また, 平城宮の東南隅にある苑池や平城京左京三条二坊八坪の苑池は, 玉石で護岸したものであり, 褶曲した片麻岩などを景石として処々に配置していた[19]。

註

1) 奈良国立文化財研究所『飛鳥藤原宮発掘調査報告』II, 1978

2) 網干善教「橿原市飛驒町日高山瓦窯跡」『奈良県文化財調査報告』5, 1962, 藤原京右京七条一坊跡調査会『藤原七条一坊調査概報』1978

3) 黒崎　直「奈良山瓦窯の構造変遷」奈良県観光, 199, 1973

4) 上原真人「天平一二, 一三年の瓦工房」『奈良国立文化財研究所学報』4, 1984

5) 奈良国立文化財研究所『平城宮発掘調査報告』VI, 1974, 奈良国立文化財研究所『平城京左京三条二坊六坪発掘調査報告』1986

6) 長川谷達「日本住宅公団木津東部地区遺跡分布調査概要」『（京都府）埋蔵文化財発掘調査概報』第1分冊, 1981

7) 「東大寺権別当実忠二十九箇条事」『東大寺要録』7

8) 高橋美久二「長岡宮に運び損なった瓦―木津川底採集の平城宮瓦―」京都考古, 17, 1975

9) 大阪府教育委員会『岸部瓦窯跡発掘調査概報』1968

10) 近藤喬一「官窯の変遷とその解体過程」『平安京古瓦図録』解説篇, 1977

11) 平良泰久ほか「平安京跡昭和五四年度発掘調査概要」『（京都府）埋蔵文化財発掘調査概報』1980

12) 近藤喬一「瓦の生産と流通」『講座・日本技術の社会史』四, 窯跡, 1984

13) 藤沢一夫「摂河泉出土古瓦の研究」考古学評論, 3, 1941

14) 岡本東三「東大寺式軒瓦について―造東大寺司を背景として―」古代研究, 9, 1976

15) 木村捷三郎「山城幡枝発見の瓦窯址―延喜式に見えたる栗栖野瓦屋―」史林, 15―4, 1930, 京都府『修学院村平安宮所用瓦窯址』『府史蹟勝地調査会報告』3, 1922

16) 上原真人「古代末期における瓦生産体制の変革」古代研究, 13・14, 1978, 近藤喬一「瓦の生産と流通」『講座・日本技術の社会史』四, 窯跡, 1984

17) 奈良国立文化財研究所『平城京左京三条二坊六坪発掘調査報告』1986, 奈良国立文化財研究所『平城京左京四条二坊十五坪発掘調査報告』1985

18) 山岸常人「礎石・心礎」ストーンテリア, 3, 1985, 杉山　洋「基壇」ストーンテリア, 4, 1985

19) 奈良国立文化財研究所『平城京左京三条二坊六坪発掘調査報告』1986

宅地と住宅

奈良国立文化財研究所
山 岸 常 人
（やまぎし・つねと）

藤原京から平安京前期まで連綿と続いた貴族住宅は，多様性のなかにも寝殿造の祖型となるべき要素を形成しつつあった

1 宅地割と建物構成

（1） 宅地の規模

天武朝に難波に遷都しようとした際，その詔には家地を自由に請うたことが記されるが，藤原京では，大臣に4町，直広弐（四位）以上に2町，大参（五位）以下に1町，勤（六位）以下は戸口により1町・1/2町・1/4町，王はこれに准じて宅地が班給された。難波宮においても天平6年に，三位以上に1町以下，五位以上に1/2町以下，六位以下に1/4町以下を班給すると定められている。1町はいずれの都城でも約120m四方である。

平城京における宅地班給基準の記録は残っていないが，上記史料に準じて，三位以上が4町，五位以上が1町，六位以下が1/4町と推定されている[1]。実際，大規模宅地では，法華寺の前身であった右大臣藤原不比等邸[2]や，後に施入せられて唐招提寺となる新田部親王邸は，奈良時代前期に四町規模の宅地であった[3]。奈良時代中期に権勢を誇った藤原仲麻呂邸は岸俊男氏により八町と推定されているが[4]，その推定地の部分的な発掘調査では少なくとも二町の規模をもっていたことが確認されている[5]。

また下級官人の宅地については，正倉院文書中の「月借銭解（げっしゃくせんのげ）」の分析から1/16町を基準としてその1/2や1/4が班給されていたこと，1/32町とを基準とする場合もあったことが知られている[1]。ただし1/16町を基準とする宅地規模は平城京遷都当初からあったか否かは不明で[6]，月借銭解による限り奈良時代後期に確認されるにすぎない。発掘事例でも奈良時代前半に遡る1/8町以下の宅地はほとんど確認されていない[7]。

平安京における宅地班給は明文化された史料はないが，記録に見える宅地規模から推してほぼ難波京の基準に準ずると考えられている[8]。なお，身分の高い者，換言すれば広い敷地ほど京の北半部，すなわち宮の周辺に分布していたこともすでに知られていることである。

平城京の右京八条一坊十三・十四坪は西市に隣接するが，1/16町の宅地に金属製品を製作した工房が併存していた[9]。京内の宅地分布は位階のみならず，宅地の用途とも密接に係わっていた。

宅地は一旦班給された後，一定規模を保ちつづけることは少ない。あるいは細分化され，あるいは統合される。今，発掘事例から知られる宅地規模の変化の事例を下の表に掲げる[10]。

平城京の場合，事例が多く変化のあり方も多様である。全般的には奈良時代中期以降，五条以北で宅地が統合されるのに対し，八条・九条では分割される傾向が強い。貴族の邸宅が拡大し，庶民の宅地が狭小化するとの指摘もあるが[11]，必ずしもそうとも言えない。二度以上宅地割の変化する例では拡大・縮小をくり返しており，例えば，常に拡大してゆく例のないことも注目される。一方，平安京の場合，ある程度の範囲で宅地遺構が検出されるのは右京が多い。10世紀後半の『池亭記』には左京に人口が集中していることが記され，以後右京は衰退してゆくことが知られている。右京二条三坊十一坪の例も1町が1/2町になった後，10世紀中頃に廃絶しており，平安京でこれまで知られる例は，平城京での宅地規模変遷と同列には扱えない。

表 宅地規模の変化

平　城　京			右京北辺2坊 2/3坪　2→1
左京3条2坊7坪		1→1/2→1→1/2	2, 2, 16　1/2以下 →1/2以上
3, 2, 15		1→1/2	8, 1, 13　1/4→1/16 →1/8
3, 4, 7		1/4→1 1/2→1	8, 1, 14　1/2→1/32 →1/2
4, 2, 10 15		1～1/2→ 1 以上→	長　岡　京
4, 4, 9		1/4 or 1/8 →1/2 or 1	左京 4, 2, 6　1→2
5, 1, 4		1/4以上→1/4	右京 4, 4, 1　1→1/2
5, 2, 14		1/4→1 1/2→1	平　安　京
8, 3, 9		3/16→1/16 2/16→2/16	右京 2, 3, 11　1→1/2
8, 3, 10		1/4→1/2 1/2→1/8	
9, 3, 10		1/16→1/16 1/32	（数字の単位は町）

奈良時代の京内の宅地の実態を示す著名な史料である「家屋資財請返解案」[12]や「月借銭解」などの史料から考えれば，一旦班給された土地は戸主が自由に売買ないし質物とすることが可能であったらしい。宅地規模の変化はこうした売買に基づいて生じたと考えられる。宮周辺で宅地が拡大する例が多いのも経済的に力のある貴族が宮周辺に多く居住したことと無関係ではなかろう。もっとも売買の他に，新田部親王邸の如く没官地とされて所有関係や用途の変化することもあったし，「家屋資財請返解案」によれば相続によって宅地が分割所有されていくらしいことが窺われるので，宅地規模の変化の要因は単純ではない。

なお発掘例では宅地規模の変化に伴い，敷地内の建物配置も急激に変化することが多い。また古代には土地のみならず建物が単独で売買されることが多かった点にも留意したい。藤原豊成殿[13]・当麻寺曼荼羅堂前身古材建物[14]などは建物のみが売買された例である。

（2） 建物配置

宅地の中には当然のことながらさまざまな建物や工作物が設けられる。「家屋資財請返解案」によれば右京七条三坊の宅地一区には檜皮葺板敷屋一宇，板屋四宇，草葺厨屋一宇，板倉三宇（稲倉二宇を含む）の計9宇があり，同じ条坊の別の一区には草葺板敷東屋一宇，板屋二宇，板倉などがあった。すなわち建物の種類や機能によって檜皮葺・草葺・板葺などの屋根材料や，東屋（寄棟造もしくは入母屋造）・切妻造などの屋根の形が変えられて，さまざまな形式の建物が混在していた。

建物以外には，宅地の周囲を画する築地・木塀，宅地内部を画する木塀，井戸，溝などの施設がある。とくに井戸は住宅に不可欠なもので，平城京左京八条三坊十坪では木塀で区画された1/16町・1/8町の小規模な宅地各々に必ず井戸1基が設けられている。

宅地内部での建物の配置については黒崎直氏によって，平城京内での発掘事例の検討が行なわれ，雁行型・L字型・並列型・コ字型に分類されている[15]。それによれば，並列型は京外の集落遺跡には見られず，都城の住宅に独特な配置であり，コ字型は貴族住宅ではなく公的な施設とされた。また五条以南ではL字型・雁行型配置が主流をなし，1/16町のような小規模宅地では雁行型が目立つことも指摘されている。ただし，建物配置

が住宅か官衙かといった敷地の性格と直接対応しているか否かは，なお確定しがたいところがある。

京内住宅にどの程度の人数が生活していたかは，正倉院文書中の「天平五年右京計帳」から知られる下級官人らの家族1戸の人数が9人から28人で構成されていた記録が参考になる。しかしこのような多数の人数が全員一つの宅地の中に住んでいたか否か必ずしも明確でない。先に引用した「家屋資財請返解案」では一京戸が京内に三区の宅地をもっており，あるいは一戸の構成員がいくつかの宅地に分散して生活した可能性も考えられる。北村優季氏[16]は，京戸の構成員の中に京外に居住した者もいた可能性を指摘されている。仮に1/32町の宅地に20人が住むと1人当り20m²余りの密度になるが，実際の建物は宅地いっぱいに建つことはないから，建物の中の密度はより高くなる。しかし前述のように一戸の構成員が分散して生活すれば上記の密度はぐっと下る[17]。

2 一町規模の宅地の変遷

11世紀後半から12世紀前半に生きた貴族藤原宗忠は彼の日記『中右記』の中で，「如法一町家」という，住宅史の分野では著名な言葉を残した。如法一町家とは「東西対東西中門如法一町之作也」（同記元永二年三月廿一日条）と記されるように，一町規模の宅地の中に正殿である寝殿はもとより，東西の対屋や中門廊が備わった住宅であり，大炊御門北東洞院西殿，三条北烏丸西殿，六角東洞院殿の三つの住宅がその実例として知られ，平安時代の貴族住宅，即ち寝殿造のある典型像といえるものであった。

近年藤原京の発掘調査によって一町規模の宅地が確認されたので，各時代の一町もしくはそれに準ずる規模の住宅の実例を比較検討し，寝殿造に至る系譜を考えてみたい。

① 藤原京右京七条一坊西南坪（図1） 一町の南約1/3に空閑地をとり，その北に掘立柱塀で囲まれた区画をつくり，正殿・東西脇殿・後殿を設け，さらにその背後にもう1棟の後殿を設ける。正殿は四面庇をもつ。

② 平城京左京三条二坊十五坪（図2） 坪南半部は未発掘。北西寄りと北東よりに2棟の正殿風建物があり，両者を塀で区画し，各々の前または後にやや小規模な建物がある。

③ 平城京左京五条一坊一坪（図3） 坪中央の

65

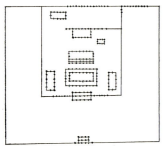
図1 藤原京右京七条一坊西南坪
(『藤原京右京七条一坊西南坪発掘調査報告』奈文研, 1987)

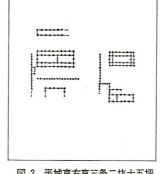
図2 平城京左京三条二坊十五坪
(『平城京左京三条二坊』奈文研, 1975)

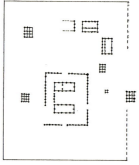
図3 平城京左京五条一坊一坪
(『奈良市埋蔵文化財調査報告書 昭和59年度』奈良市教委, 1985)

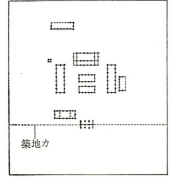
図4 平城京左京五条二坊十四坪
(『奈良市埋蔵文化財調査報告書 昭和54年度』奈良市教委, 1980)

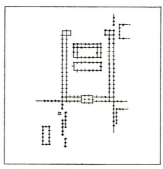
図5 平城京左京四条二坊一坪
(『平城京左京四条二坊一坪』奈文研, 1987)

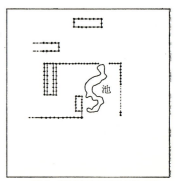
図6 平城京左京三条二坊六坪
(『平城京左京三条二坊六坪発掘調査報告』奈文研, 1986)

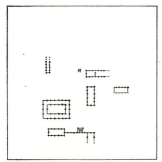
図7 平城京左京三条四坊七坪
(『平城京左京三条四坊七坪発掘調査概報』奈文研, 1980)

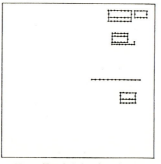
図8 長岡京左京四条四坊一坪
(『長岡京跡発掘調査報告』京都市埋文研, 1977)

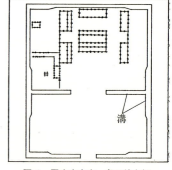
図9 平安京右京一条三坊九坪
(『埋蔵文化財発掘調査概報 1981-1』京都府教委, 1981)

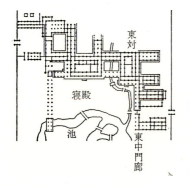
図10 寝殿造の一例 (東三条殿)
(『日本建築史図集』日本建築学会)(主として太田静六氏の復原による)

南寄りに塀で囲まれた区画があり，中に2棟が平行して立つ。北寄りに倉と思われる総柱建物を含め数棟がほぼコ字型に立ち並ぶ。

④ 平城京左京五条二坊十四坪 (図4) 坪の南約1/3弱は空閑地をとり，築地でその北を囲って正殿・東西両脇殿がコ字型にたつ。それらに囲まれる中庭に小規模な2棟がたつが，これは時期を異にすると考えるべきかもしれない。その周囲に3棟ほどの建物がある。

⑤　平城京左京四条二坊一坪（図5）　坪南半部は空閑地。ただしその東寄りと西寄りには建物がある。坪のやや北よりに廻廊で正側面を囲われて正殿と前殿がたつ。

⑥　平城京左京二条二坊十二坪　坪中央に正殿があり，その前方および側面に複廊が廻る。

⑦　平城京左京三条二坊六坪（図6）　坪中央に蛇行する池があり，それを塀で囲った外に東西棟または南北棟の正殿（?）がたつ。

⑧　平城京左京三条四坊七坪（図7）　坪の中心よりやや西南に寄って正殿・前殿があり，前殿から東方に塀が伸びて脇殿に接続する。正殿東北方にも脇殿その他の建物がある。

⑨　平城京右京北辺二坊二・七坪　二町宅地で既発掘部分はその南端に近い。正殿・前殿・東西脇殿があり，脇殿北側には塀がとりつく。なお正殿は前殿，前殿は南門かもしれない。

⑩　長岡京左京四条四坊一坪（図8）　坪の東北隅に正殿・東脇殿（正殿と棟の向きを同じくする）・前殿がたつ。

⑪　長岡京左京四条三坊十一坪　坪の西端に規模の大きな建物が2棟平行してたち，付近に製塩土器を含む土器の散布するところがある。

⑫　平安京右京一条三坊北辺七・八坪　宇多院推定地で廻廊（少なくともコの字型）がある。すぐ南の一条三坊十六坪では広庇の正殿・後殿・西脇殿が坪北端に寄って立っている[18]。

⑬　平安京右京一条三坊九坪（図9）　坪の南側約4割が空地で，その北を堀が囲んで，正殿・後殿・東西に2棟ずつの脇殿があり，脇殿は南北に塀で結ばれている。

以上の諸例を検討すると，その差異を時代的な変化とみるよりは，現時点では住宅形式の多様性とみるのが穏当なように思われる。住宅形式の特徴を整理しておこう。

㈠　正殿・脇殿をもつコ字型構成のものと，そのような規格性のないもの（②）がある。

㈡　中心区画が廻廊で囲まれるもの（⑤⑥⑫）・塀や築地で囲まれるもの（①③），そうでないもの，がある。

㈢　建物間を塀でつなぐものがある（⑧⑬）。

㈣　坪南側に空閑地をもつものがある（①⑤⑬）。

㈤　中心区画以外にさほど附属屋がみられないものがある。

㈥　正殿に並行して前殿がある場合と後殿のあ

る場合とがある。

㈦　後殿の内には桁行偶数間の場合がある。

㈠㈡についてはこのことによってその敷地が住宅であるのか，官衙であるのかといった機能ないし性格の差を示す可能性がある。しかし同様な建物配置をもつ内裏が天皇の住居としての性格と公的儀式の場としての性格を併せ持つこと，少なくとも平安時代には貴族の住宅が公的ないし半公的な儀式にも使われていたことなどから考えると，建物配置のみから住宅か官衙かを速断するのは危険であり，むしろ一つの宅地内に公的な機能の区画と家政機関などの区画がわかれていたと考える必要がある。③はそうした例の一つであるが，④⑬では家政機関などの区画が別の坪にある可能性も考えられる（→㈦，註3)）。

公的性格をもつであろう中心区画は，①を始めとして前庭部をほとんどもたない例がある。史料は限られるだろうが，儀式などの実態からいま一度検討する必要があろう。㈥の問題も同様なことが言える。その際㈦の点が何らかの係わりをもつだろう。桁行偶数間は，飛鳥時代寺院の講堂にもみられて，興味深いところである。

ところで⑬の例は寝殿造（図10）の祖型ともいうべきものとして評価されている[19]。この点について検討しておきたい。川本重雄氏は寝殿造と奈良時代住宅とを対比して寝殿造の特質として4点をあげられた[20]。即ち寝殿造は(a)東西棟の寝殿と南北棟の対屋からなる，(b)建物相互を結びつける渡殿がある，(c)建物に接続した廊などの付属屋がある，(d)中門廊などで構成される入口構えがある。⑬の事例では，この4点の内(a)は満たしているが(d)は満たさない。(b)(c)に関しては，建物を繋ぐ塀の存在が過渡的形式と評価できるものの，廊が土足の生活から分離した生活様式の反映である点でなお較差を残している。ただし⑬の遺構の西寄りにある東西に並ぶ小穴が，廊や入口構えとなるか検討の余地を残している。なお，近年の平安京の発掘例では廊らしき建物の存在や，建物相互の有機的な接続状況が推察される例も知られるようになった（右京二条三坊一坪・右京三条二坊二坪）。

川本氏の指摘されなかった点で寝殿造がそれ以前の住宅と異なる重要な差異として，(e)宅地の入口が東または西にあり南にはないこと，(f)宅地南側に池を伴う庭のあること，を指摘しておかねばならない。(e)と(f)は表裏一体の関係にあるもので

67

あり，また(e)は平安時代の儀式形態で重視された西礼・東礼の礼向き[21]とも関係すると考えられる。(e)の点については13の事例いずれもが南を入口としていて寝殿造への連続性を認めることができない。一方(f)については，藤原京以来一坪の南寄に空閑地を設ける例の存在すること(二)が注目される。一つの想像として，儀式の場として用いられた南側の空閑地が，儀式形態の変化によって不要となり，園池に変化していったことが想定される[22]。仮にそうだとしても何故空閑地に園池が設けられるようになったのかは今説明できない。⑦の事例は寝殿造の池の祖型として注目されたこともあったが，それに伴う建物配置は寝殿造とは異なっている。ただし⑬の事例では中心区画を囲う施設がそれまでの塀や築地と異なり，溝である点でわずかながら寝殿造との親近性をもっている。

藤原京から平城京・長岡京・平安京の前期まで連綿と続いた貴族住宅は多様性の中に寝殿造の祖型となるべき要素を形成しつつあった。にも拘らず寝殿造の成立にあたってはなお大きな変革のインパクトが存在したと見なければならない。今その実態は不明であるが，住生活様式・儀式形態の変化がこの点を解明する鍵になると考えられる。また荘園制確立の過程での都と地方との係わりの中で寝殿造の成因を考える必要もあろう。そうしたさまざまな視点で都城の住宅の研究が深化してゆくことが望まれる。

註
1) 大井重二郎『平城京と条坊制度の研究』初音書房，1966
2) 太田博太郎「法華寺の歴史」『大和古寺大観』5，1978
3) 『戒律伝来記』には新田部親王家は四町と記すが，唐招提寺講堂の発掘調査では（『国宝唐招提寺講堂他二棟修理工事報告書』1972）唐招提寺講堂移築直前まで四町の敷地が小路で南北にわかれていたことが知られ，あるいは同親王宅は二町規模であったかもしれない。なおこの点は後述するように公的区画と家政機関などの区画が独立して二町ずつ占めていたことを示すかもしれない。
4) 岸俊男「藤原仲麻呂の田村第」『続日本紀研究』3—16，1956
5) 『平城京左京四条二坊十五坪発掘報告』奈良国立文化財研究所，1985
6) 橋本義則「小規模宅地の建物構成—月借銭解の再検討を通じて」『平城京左京九条三坊十坪発掘調査報告』奈良国立文化財研究所，1986
7) 例えば平城京右京八条一坊十三坪では，1/4町→

1/16町→1/8町と宅地規模が変化するが1/16町となるのは8世紀中期〜後半とされる（『昭和60年度平城宮跡発掘調査部発掘調査概報』奈良国立文化財研究所）。なお平城京左京九条三坊十坪では1/16町，同左京八条三坊では3/16町宅地が奈良時代前半から存在するが，これは東堀河が坪中央を流れる特殊事情がある（註6）橋本氏の指摘）。
8) 秋山国三「平安京の宅地配分と班田制について」『京都「町」の研究』1975
9) 『昭和60年度平城宮跡発掘調査部発掘調査概報』奈良国立文化財研究所，1986
10) 平城京については註5)・9)，長岡京については，『向日市埋蔵文化財調査報告書』17，向日市教育委員会，1985，『長岡京跡発掘調査報告』京都市埋蔵文化財研究所，1977，平安京は『昭和58年度京都市埋蔵文化財調査概要』京都市埋蔵文化財研究所，1984による。
11) 町田章『平城京』ニュー・サイエンス社，1986
12) 唐招提寺文書天之巻第一号文書。この文書は京内の宅地を論ずる際しばしば引用されるが，橋本義則氏が「『唐提提寺文書』天之巻第一号文書『家屋資財請返解案』について」（『南都佛教』57，1987）において古文書学的検討を加えられ，その解釈を示された。本稿もこれによっている。
13) 関野克「在信楽藤原豊成板殿考」『宝雲』二十，1937
14) 岡田英男「古代における建造物移築再用の様相」『文化財論叢』同朋舎，1983
15) 黒崎直「平城京における宅地の構造」『日本古代の都城と国家』塙書房，1984
16) 北村優季「京戸について—都市としての平城京—」『史學雑誌』93—6，1984
17) このような考え方をつきつめると，田中琢氏の述べられるように，註7)後半に例示した1/16町の宅地は単婚家族の居住空間であり，それがいくつか集まって1戸の京戸を構成すると考えることができる（田中琢『古代日本を発掘する 3—平城京』岩波書店，1984）。
18) 十六坪の遺跡について山中敏史氏は葛野郡衙と推定されている（山中敏史「遺跡からみた郡衙の構造」『日本古代の都城と国家』塙書房，1984)。
19) 福山敏男「寝殿造の祖形と中国住宅」『月刊文化財』210，1981
20) 川本重雄『寝殿造の研究』第一編第一章，寝殿造の成立，私家版，1982
　　なお同論文は寝殿造の建物そのものについても特徴を分析しているが，ここでは省略する。
21) 飯淵康一「平安期寝殿造における「礼」および「晴」について」『日本建築学会論文報告集』340，1984
22) 寺院においてはこのような現象が見られる。拙稿「中門の機能とその変容」『建築史学』，2，1984

官給食と家庭の食事

奈良国立文化財研究所
■ 巽　淳 一 郎
（たつみ・じゅんいちろう）

　宮では身分を示す食器の使用が厳重に定められていたが，宮外で
はその規制を離れ，各自の経済力に見合った食器が使われていた

1　文献史料に見える古代食物と身分

　宮廷に出勤する役人たちは，朝・昼の給食が，また宴会に際しても身分に応じた食事が支給された。宮廷には食料を扱う役所として，宮内省に所属する内膳司・大炊寮・大膳職があった。内膳司は天皇の御膳を，大炊寮は主として主食の米を，大膳職は役人たちの食事を司った。また，宮廷の各所から「宮内省」「木工」などのように土器の所属をあらわした墨書土器，あるいは「厨」のほか厨の所属を明記する「民厨」（民部省の厨）・「兵厨」（兵部省の厨）などの墨書土器が出土することから，個々の役所に厨房が設けられていたことがわかる。

　表1は，『正倉院文書』天平宝字8年7月の「造東大寺司解案」にみえる毎月の人別に支給した食料リストで，8世紀後半における下級役所における官給食の貴重な例である。この表をみると経師・題師・装潢，校生，膳部・雑使，駈使の4ラ

表2　「奉写二部大般若経用度解案」による食器用口数復原

職掌 ＼ 器種	大筥 58合	陶水椀 40合	片椀 120合	杯 120口	塩杯 120口	陶佐良 120口
経師　40人	○	○	○	○	○	○
題師　2人	○		○	○	○	○
装潢　4人	○		○	○	○	○
校生　8人	○		○	○	○	○
膳部　2人			○	○	○	○
雑使　4人			○	○	○	○
駈使　16人			○	○	○	○
計　76人	54合	40合	76口	76口	76口	76口

ンクに支給品目と支給量のうえで，はっきりとした区別があったことがわかる。経師以下の筆頭グループには，主食の米と11種の副食品，7種の調味料が支給される。校生以下に比べると内容が豊富だが，後でふれる彼らより身分の高い貴族の食料に見られるような動物性タンパク質の食料は含まれていない（表3・4）。

　『正倉院文書』「奉写二部大般若経用度解案」などの写経所関係の文書には，写経所で経師以下が使用する食器の数量を記すものがあり，西弘海氏はこの史料によって職掌別員数と食器の数量を検討して，実際にもちいる数量を算定した（表2）[1]。それによれば，経師は木製の筥を含む6点の食器を使用したことになる。支給された副食品がどのように調理されたか興味のあるところだが，西氏の食器数の復元によって，副食素材からできる料理の数もおよその見当がつき，質素な膳が目に浮かぶ。

　表3は『延喜式』新嘗祭の宴会雑器から，表4は同じく鎮魂祭の雑給料から，位階ごとの支給品目と支給量を表わしたもの。表3をみると，四位五位命婦の品目と上位の親王他の場合とほとんど変わらない。しかし，支給量では上位の半分前後のものが多く占めている。大歌・立歌，国栖・笛吹は，祭りのために召集された人たちで官人ではない。『延喜式』には正月7日の節会での雑給について，諸司の主典以上はこの大歌・立歌の支給法に準ずるとあり，四位五位と以下の位では，埋

表1　造東大寺司解案による人別食料支給

職掌 ＼ 食料	経師	題師	装潢	校生	膳部	雑使	駈使
米	2升	2升	2升	1升6合	1升2合	1升2合	黒米2升
塩	5勺	5勺	5勺	2勺	2勺	2勺	2勺
醤	1合	1合	1合	6勺	6勺	6勺	6勺
末醤	1合	1合	1合	6勺			
酢	5勺	5勺	5勺	2勺			
糟醤	1合	1合	1合	1合	1合	1合	1合
芹子	2勺	2勺	2勺				
胡麻油	4勺	4勺	4勺				
漬菜	2合	2合	2合	2合	2合	2合	
青菜(直)	4文	4文	4文	2文			
海藻	2両	2両	2両	2両	2両	1両	1両
滑海藻	2両	2両	2両	2両	2両	1両	1両
布乃利	2両	2両	2両	2両			
大凝菜	2両	2両	2両	2両			
小凝菜	2両	2両	2両	2両			
糯米	1合	1合	1合	1合			
大豆	2合	2合	2合	2合			
小豆	2合	2合	2合	2合			
小麦	2合	2合	2合	2合			

表 3　新嘗祭宴会雑給に見る官位別食料支給

品目	親王以下三位以上四位参議	四位五位并命婦	大歌・立歌	国栖・笛吹
粳　米	8合	4合		
糯　米	8合	4合		
糯　糒	3合	1合		
糖	2合6勺	1合5勺		
小　麦	4合	2合		
大　豆	2合	1合		
小　豆	2合	1合		
胡麻子	2合	1合		
油	1合	1合		
窪　酒	4勺	4勺		
酢	4勺	4勺		
醬	2合	1合		
塩	4合	2合	2勺	2合
鼓	1勺	1勺		
東　鰒	2両	1両	1両	
隠岐鰒	2両1分	1両		
堅　魚	1両2分	1両		
烏　賊	1両1分	1両		
熬海鼠	2両2分	1両		
縄貫鰒	2両2分	1両		
押年魚	4両	2両		
與理刀魚	5両	2両2分		
鮭	2分隻の1	6分隻の1		6分隻の1
雑鮨腊	5両1分	3両		
楚　割	5両1分	3両1分		
雑　腊	2斤	1斤		
鮨	2斤	4両		
雑　魚		4両		
堅魚煎	2勺			
鮮　物	○			
紫　菜	2分	1分		
海　藻	2両	2両	2両	2両
生栗子	1升	5合		
搗栗子	4合	2合		
椎	4合	2合		
橘　子	10顆	5顆		
鯖			1隻	
雑　鮨			4両	4両

表 4　鎮魂祭雑給料に見る官位別食料支給

品　目	参議以上	五位以上	六位以下
糯　　米	1升4合	7合5勺	6合7勺
大　　豆	1合8勺7撮	7勺	4勺7撮
小　　豆	2合8勺	1合5勺	6勺
窪　　酒	1合	3勺	
酢	4勺	1合	
醬	3合	2合	5勺
滓　　醬	2合9勺		
塩		2合9勺	1合7勺
東　　鰒	1両2分	1両2分	2両
隠岐鰒	5両	4両2分	
堅　　魚	2両1分2銖	2両1分2銖	2両1分2銖
烏　　賊	2両	2両	
熬海鼠	3両2分	3両2分	
與理刀魚	5両2分	5両	
鮭	2分隻の1	2分隻の1	
雑魚楚割	3両	3両	
堅魚煎汁	2両2分	1両2分	
鮨	2斤4両	2斤4両	2両
雑　　鮨	11両		
腊		10両	
鯖			3両2分
紫　　菜	3分	3分	
海　　松	3分	3分	
海　　藻	2両	2両	2両
青　　菜	2合	2合	
漬蒜房	2合	2合	2合
蒜　　英	2合	2合	
韮　　搗	2合	2合	
生栗子	1升4合	5合	
搗栗子	6合	2合5勺	3合
于柿子	3合	1合5勺	
橘　　子	33顆	15顆	5顆
木　　綿	2分4銖	2分4銖	

めることの出来ない格差があったことがわかる。

　表4の雑給料では，親王以上，五位以上，六位以下の食物支給例が記され，律令の官制全体における食物の配分のありかたがわかる好史料である。しかし，このような事例はあくまでも宴会での支給例であって，毎日の給食とは異なるが，会席メニューにも徹底した身分制が敷かれていたことを知るには十分な史料といえよう。当然のことながら，日々の給食にもこうした身分規制が根強く働いていたことは，想像に難くない。

2　食器にみる身分秩序

　7〜8世紀の食器の大半は，土師器と須恵器の土器でつくられた。この時代の土器食器はどの時代にも増して数量が豊富で器種も変化に富み，現代の食膳と親しい内容になっている。

　6世紀末から7世紀初め，大陸から金属器の食器を使う食事作法が伝わり，畿内の中枢部ではいちはやくそれを採用し普遍化をめざした。しかし，金属器の生産技術の低さや材料の稀少性などの制約から，金属の食器はなかなか普及しなかった。そこで，量産が可能な金属器を写した土器の模倣品をつくって，新しい食事法が普及することになる。

　多数の官人が宮廷に集まることを前提にする律令制の政府では，当然のことながら多量の食器を消費する。そのためには，規格性のある均質の土器を確保することが不可欠となり，土器生産に強い規制が敷かれることになる。

　規制の第1は，法量規定の強化である。当時の

普遍的な土器である土師器と須恵器について，食膳においてどちらでも交換できるように，二つの生産集団にたいして法量の規制を強化した（互換性の原理）。

第2の規制は，規格性に富む多種多様な食器をつくることの要請である。すでに見てきたように，食事は官位の秩序にもとづいて支給され，それを食器の大小や器種によって表現するために多種多様な土器を必要とする（器種分化と法量分化の原理）。

土器以外にも，さまざまな食器があった。正倉院には金銀・白銅・佐波理・玉・ガラスなど各種の食器があり，以上のような稀少品のほかに木器・漆器などもある。正倉院にみるような高級品は，注文に応じて官営工房で工芸品的につくられたり，唐や新羅からもたらされたものである。食器としての木は曲物が中心で，ロクロ挽の容器などは余り使われなかった。ロクロ挽の容器に漆をかけた漆器は金属器に次ぐ高級品に属し，一般的な食器ではなかった。『延喜式』新嘗祭に記す雑器について，親王以下三位以上は朱漆器，四位以下五位以上は烏漆器と土器の併用と規定する。このようなことから，8世紀にも，金属器・漆器・土器の食器が官位の上下によって使い分けられていたことがうかがわれる。9世紀になると，土器類に灰釉陶器・緑釉陶器・輸入磁器が加わり，食器の素材差による身分制がより複雑な形で表現されたにちがいない。

3 平城宮における官給食の事例

『正倉院文書』や墨書土器の資料では，土盤・陶盤の例のように，土＝土師器，陶＝須恵器として土器質の違いを表わすが，両者の器形がまったく異なるものでも同じ器名で呼んでおり，また同じ器形であっても容量の違いによって，例えば杯AⅠを片椀といい，杯AⅢを片杯と呼び分けている。西弘海氏は，史料に表われる器種名と形式分類による器種名を対応させたが[2]，ここではそれに私見を加えてつぎのように対比する（図1）。

椀	土師器杯BⅠ	須恵器杯BⅠ・杯L
片椀(大)	土師器杯AⅠ	須恵器杯AⅠ・杯C
(小)	土師器杯AⅡ	須恵器杯AⅡ・杯E
	椀AⅠ・椀D	
片杯(大)	土師器杯AⅢ・	須恵器杯AⅡ2
	杯C・杯E・杯F	
(小)		須恵器杯AⅠ2
杯（大)	土師器杯BⅡ	須恵器杯BⅡ
(小)	土師器杯BⅢ	須恵器杯BⅢ
塩杯	土師器杯AⅢ・	須恵器杯AⅢ・杯AⅣ・
	椀AⅡ・椀C	杯BⅣ・杯BⅤ
片盤(大)	土師器皿AⅠ	須恵器皿AⅠ・皿CⅠ
(小)	土師器皿AⅡ	須恵器皿AⅡ・皿CⅡ

若干つけ加えれば，奈良時代前半代（平城宮土器Ⅱ～Ⅲ）に類別した器形に当てはめたもので，後半期になれば器形が小さくなるので，当然のことながら器名の比定がかわる。一方，「塩杯」は用途を示す用語であり，奈良時代前半にはそうした呼称はみられず，ここでは小型器種の総称とする。

内裏北外郭の土坑 SK 820 からは626点の土器が出土した[3]。表5は実際に食膳にのぼる食器類について，食事以外に使われたもの（灯火器・習書・落書・硯の下皿など）を除いた個体数をしめす。これを史料の器名にあてはめたのが，表6である。片椀大・片椀小・片杯は似た個数をしめすが，塩杯・片盤は片杯の量に対して，それぞれ2倍と3倍近くになり，1人当たり2枚以上を用いた可能性が高い。かりに，数の少ないものは1人

表 5　SK 820 出土食器の構成

土　師　器　（283 点）		須　恵　器　（109 点）	
杯　AⅠ-1	40 点	杯　AⅠ-1	5 点
Ⅱ	24	Ⅰ-2	12
Ⅲ	27	Ⅱ-1	1
		Ⅱ-2	1
杯　BⅠ	1	Ⅲ	14
Ⅲ	2	Ⅳ	11
杯　CⅠ	6	杯　BⅠ	27
椀　AⅠ	6	Ⅲ	11
Ⅱ	8	Ⅳ	10
椀　C	14	Ⅴ	5
椀　D	13	杯　C	1
皿　AⅠ	122	杯　E	3
Ⅱ	20	皿　CⅠ	6
		Ⅱ	2

表 6　SK 820 出土食器の員数別用口数（復原）

器　種　員　数	椀	片椀		片杯		杯	塩杯	片　　盤	
	28	大46	小47	大37	小12	16	75	大128	小22
A　12 人	○	○	○	○	○	○	②	②	○
B　4 人	○	○	○	○	○		②	②	○
C　6 人	○	○	○	○			②	②	○
D　6 人	○	○	○	○			②	②	
E　3 人		○	○	○			②	②	
F　6 人		○	○	○			②	②	
G　9 人			○	○			②	②	
計　46	28	46	46	37	12	16	75	92	22

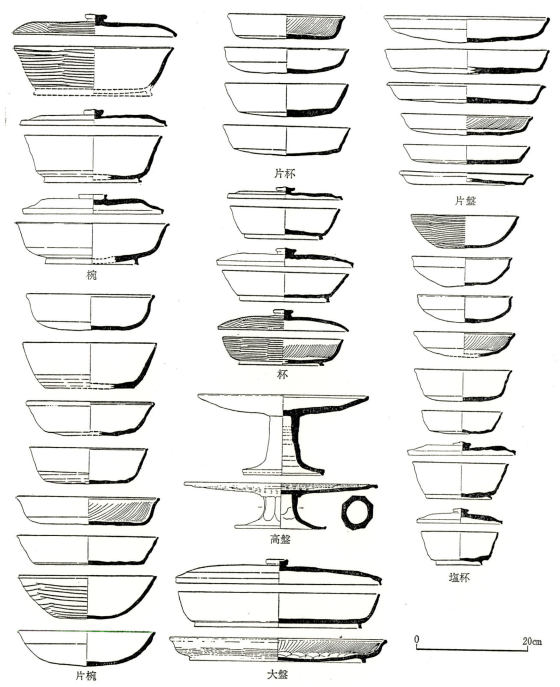

図1 奈良時代の食器の器名比定

1枚, 塩杯・片盤は1人2枚使用したとすると, 表に示すような1人当たりの食器数と使用人数の関係が想定できる。片盤は36枚余ることになるが, 実際には3枚使う人がいたと見るべきかもしれない。このような復元から, この場合には9種11枚を使う人から, 4種5枚を使う人たちまで, 7階層に区分されていたことになる。

ところで SK 820 出土の土器の食器は完形品が大多数を占め, 土器のほかにも, 曲物・杓・匙・箸・折敷などの木器が発見されている。このことと復元した土器構成にかなりの整合性がみられることから, 宴会ののち, 一時にまとめて捨てられた可能性がつよい。いまのところ, 表6のA〜Gがどの官位に対応するのかという点については,

72

表7 SG 8500 出土墨書土器から復原できる員数と用口数

器形	毛比	片真利	佐良	□都支	饗都支	鋺形	高杯
員数	土40 須40	20	土40 須8	2	10	40	10
A 2人	○ ○	○	○ ○	○	○	○	○
B 6人	○ ○	○	○ ○		○	○	○
C 2人	○ ○	○	○			○	○
D 10人	○ ○	○	○			○	
E 20人	○ ○		○				
計 40人	40 40	20	40 8	2	10	40	10

積極的な手掛かりを欠く。ただし，初位〜八位相当の経師が椀を使用していたことを思い出すと，Dクラスを六位以下にあてることも可能。鎮魂祭の雑給料でみられるように，五位以上と六位以下とでは支給品目に大きな断絶があることからすれば，Eクラスが六位以下ということになる。

平城宮佐紀池 SG 8500 からは，皿AⅠの底部内面に二つの唐櫃に納めた土師器と須恵器の器名と数量をしるし，裏面に「天平十九年九月二十七日」と記した墨書土器が出土している（図2）[4]。土器の数量と器種の構成は表7の通りで，総数200点におよぶ。須恵器の比率が高く，高杯の占める割合が高いことが注目される。須恵器の□都支・佐良を除く，毛比・片真利・佐良・饗都支・鋺形・高杯の数量比は，8：2：4：1：4：1となり，極めて統一のとれた構成となる。表7では，毛比が須恵器・土師器で同量であることから，1人2枚使用するものとして，使用者の人数と各々の数量を算出したものである。A〜Eのランクに属する40人は，高杯を用いるA〜Cまでとそれ以下で大きな断絶がある。先にみた『延喜式』では，陶高杯は三位以上・参議以上に供されており，そのことからすればA〜Cまではかなり高い官位に属することになる。

4 平城京と村落の家庭食

平城京の貴族の食器例として，左京四条四坊九坪の土坑 SK 2412 の土器をとりあげ[5]，村落の庶民の食器例として，宮内の下ツ道西側溝 SD 1900（平城宮造営直前）の土器をとりあげよう[6]。

SK 2412 の食器構成は表8にしめすが，つぎの点で平城宮の土器構成と異なっている。すなわち，須恵器の食器が高い比率を占める，鋺を写した須恵器がある，「杯」に相当する有蓋形態の杯類が多い，高杯や大盤が多い，地方で生産された須恵器が多いことである。このような特徴は，当

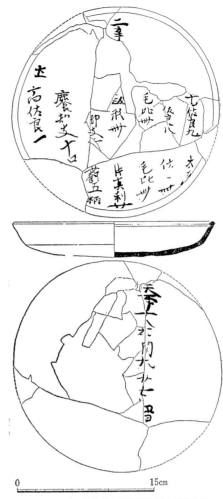

図2 園池（佐紀池）SG 8500 出土墨書土器

時の貴族が好みにあわせた各種の食器を集めて使ったことを物語る。

この土器群を史料の器名にあてはめると，椀6 片椀11，片杯11，杯9，塩杯13，片盤8，高杯6，

表8 SK 2412 出土食器の構成

土師器 (31点)			須恵器 (36点)		
杯 AⅠ	6点		杯 AⅠ	1点	
Ⅱ	4		AⅣ	3	
CⅠ	9		杯 BⅡ	4	
E	1		Ⅲ	9	
F	1		Ⅳ	4	
皿 AⅠ	4		Ⅴ	4	
椀C	2		杯 L	2	
高杯	4		皿 AⅠ	2	
			AⅡ	1	
			BⅠ	3	
			CⅠ	1	
			高杯	2	

73

表 9　SK 2412 出土食器の員数別用口数（復原）

器種／員数	椀 6	片椀 11	片杯 11	杯 9	塩杯 13	片盤 8	高杯 6
A　6人	○	○	○	○	○	○	○
B　2人		○	○	○	○	○	
C　1人		○	○	○	○		
D　2人		○	○		○		
計 11人	6	11	11	9	11(2)	8	6

表 10　SD 1900 出土食器の構成

土師器（109点）			須恵器（112点）		
杯 AI	12	点	杯 AII	2	点
	II	2		IV	67
	III	17	杯 BI	1	
杯 BII	1			II	2
杯 C	3			III	35
杯 EI	16			IV	1
	II	9		V	1
皿 AI	16		高杯	3	
	II	9			
椀 C	3				
	X	16			
高杯	5				

大盤3となる。これにもとづき表9をつくったのであるが，すべての器種を利用できるのはAランクの6人で，以下の5人と大きく区別される。つまり，11人の中には，家族6人のほかに家に属し雑役などにたずさわる資人など5人が含まれている可能性が高いのである。この見方からすると，一家族の可能性が高いAランクの食器構成は平城宮 SG 8500 出土の墨書土器にみられるA〜Cランクと親縁関係があることが注目されよう。

左京四条四坊には，古事記の編纂で有名な従四位下の太安萬侶の宅地もあった。9坪のこの住人が彼かどうかはわからないが，この宅地の別の遺構からは，三彩小壺・羊形硯なども出土し，また宅地が4分の1町以上を占めることから，相当官位の高い人であったにちがいない。ともあれ，当時の貴族たちは，官給食や宴会の場ではめったに支給されない器種や好みの食器を市で自由に買い集め，それを使って家族団欒の食事を摂っていたというのが結論になろうか。

村落の食器にあてる SD 1900 の土器を見てみよう（表10）。これを史料の器種名にあてはめると，椀1，片椀12，片杯23，杯3，塩杯149，盤25，高杯8となる。大型の食器が少ないのに対して小型の食器が多く，小型のうちでも無蓋のものが多数を占めることが特徴になる。

『正倉院文書』などから，当時の食器は法量によって値が付けられ，大型品が高く，また蓋付の器種は，無蓋のそれのほぼ倍の値がつけられていたことがわかる。こうしてみるとこの溝に生活の跡を残していった人たちの食器構成の特質も自ずから理解されよう。宮あるいは京の貴族の館では，多種多様の食器が使い分けされたが，この村の人の多くは，安価な小型食器にさまざまな用途をもたせ，飯椀にも什椀にも使い分けしたのである。

宮では食器に個人名を墨書する場合は稀で，その多くの場合でも，食器ではなく官から支給をうけた硯用・筆洗用の須恵器の杯類と蓋である。一方，京や村落からは人名・家の所属を示すと見られる墨書した土器が多数出土する。それは，官の食器は備品であり，京・村落のそれは，個人もしくは家に属していたからに他ならない。そして手に入れた食器は，彼らにとっては高価なものであり，名前・家名を記して大事に扱ったのであろう。

5　まとめ

出仕する官では身分を表現するため定められた数の食器の使用を余儀なくされたが，一歩宮を出ると，そうした規制を離れ，各自経済力に見合った食事が摂られ，それに見合う食器が並べられたと言うことである。勿論，各自の経済力は，律令官制に規定された地位・身分に由来することは言うを待たない。

註
1)　西　弘海「奈良時代の食器類と器名とその用途」『研究論集V』奈良国立文化財研究所，1979
2)　註 1)に同じ
3)　奈良国立文化財研究所『平城宮発掘調査報告Ⅶ』1976
4)　奈良国立文化財研究所『墨書土器集成Ⅰ』1983
5)　奈良国立文化財研究所『平城京左京四条四坊九坪発掘調査報告』1982
6)　奈良国立文化財研究所『平城宮発掘調査報告Ⅸ』1978

穢の防止対策

奈良国立文化財研究所
金子裕之
（かねこ・ひろゆき）

穢の防止対策として都城には祭場があった。これは藤原京—天武・持統時代に遡り，奈良・平安時代を経て鎌倉時代にまで及んでいる

1 恐れられた穢

奈良時代の年中行事に大きな影響を与えた『荊楚歳時記』[1] は，中国南朝の梁王朝に出仕した宗懍が，故郷の荊州の6世紀代の年中行事を纏めたものである。この書を繙くと，正月1日の爆竹，同晦日の河臨解除，三月三日流杯曲水の飲など，数々の悪気よけや祓に関わる行事が目を奪う。文明が進んだ今日でさえ，世論調査の上位をしめる国民の願いは，家族や自身の無病息災である。人人にさまざまな障害をもたらせる悪気や穢への対策は，6世紀の人々にとって今以上に重大事だったに違いない。

日本の古代都城にあっても，穢を防ぐ多様な手段を講じていた。その極致が，史料にみる七瀬祓である。七瀬祓とは，10世紀末の史料にみえるもので，平安宮の宮廷で毎月，あるいは臨時に行なった祓で，七カ所の瀬または海に臨んで行なったところからこの名がある。従来，七瀬祓は古代都城論の視点からはほとんど問題にならず，主に文学上の問題か，有職故実の対象であった。しかし，古代都城における穢の防止対策を考える時，七瀬祓が重要なのは，これが平安宮を中心にして整然とした体系と，壮大な規模をもっていることである。つまり祓を行なう七瀬には，七瀬，加茂川七瀬，霊所七瀬の三種があった。最初の七瀬は，琵琶湖から難波海にいたる淀川沿岸に，二番目は平安京の東京極を流れる加茂川の宮域の東の瀬に，三番目は宮の正面（朱雀門前）と京の背後を囲む要所要所に設けてあり，全体で平安宮を幾重にも包囲する形をとっている。もともと祓の効果をあげるため，同じ行為を幾度も，場所を変えて行なうことが七瀬祓の出発点であった。それが，こうした体系と規模をもつにいたったのである。

この七瀬祓形成の歴史的経緯は，また，その目的はなにか。これについて私は，その原型を8世紀の平城京跡の内外で発見例がふえている無数の大祓の祭場（祓所）と考え，長岡・平安京を経て，史料にみる七瀬祓に連なるとともに，その祓の目的を天皇の宮と皇都を穢から護るため，との見通しを提示した[2]。これは七瀬祓を古代都城論の中に意義づけることに目的があったので，同時代の国府など地方行政組織における祭場の問題や，七瀬祓のその後について，十分論及ができなかった。それ故ここでは，上の二点を主に話を進めよう。

8世紀の穢の防止対策はどこに淵源があり，数世紀後にいかに変容するのか。これは古代都城の歴史的特質を探る上に，新たな視角となる。

2 都城と大祓

先に，七瀬祓の原型が平城京跡の内外で発見例がふえている無数の大祓の祓所（祭場）である，と述べた。こうした場所では，人形や人面土器，模型竈など，律令的祭祀や，それに関連した祭祀具が多量に出土しているので，律令的祭祀の説明から始めなければなるまい。律令的祭祀とは井上光貞博士の概念であり，8世紀初頭に公布された大宝令の神祇令によって規定，実施された国家的祭祀をいう。この国家祭祀の内容は，日本の神祇制度の骨格を定めたもので，太古の昔から伝わったと考えられる神道の諸制度，神学も，この神祇令によって改めて，または新たに規定されたものが多い，という。

ところで，令の規定は施行細則である式によって実施したのであり，大宝律令は10世紀初頭に成立（927撰選・967年施行）の延喜式の祖型によって実施された，という[3]。今日，律令的祭祀の具体的内容は，その延喜式によって——すべてが当初の姿か否かは兎も角——一応知り得る。これをもとに，私は，人形などの木製模造品，これと密接に関連する人面土器，大和型土馬，模型竈，金属製祭祀具が，基本的には律令祭祀のなかでも重要であった大祓に関連したもの，と考えた。大祓は毎年6月と12月の晦日に実修した。令文の儀式次第によると，中臣が天皇に御麻を上り，ついで東西文部が祓刀を上り祓詞を読む。これが終わ

75

って百官の男女が祓所に集り，中臣が祓詞を宣べ，卜部が解除をなして終わる。夏冬二季に行なう大祓の目的は，大祓祝詞によると，天皇の禍災を除き，帝祚を延べること，親王以下の百官が犯した雑雑の罪を清めることにあった。

井上博士によると，大祓そのものは676(天武5)年の四方為大解除が起源だが，令文のごとく恒例化するのは702(大宝2)年の大祓から，という。大祓は中央だけでなく，地方でも行なわれた。中央における大祓の場は，天皇が内裏，百官の男女が朱雀門前，というのが平安時代の正史や儀式に見える場である。朱雀門前の大祓の跡は，1980年春，平城宮跡の壬生門前の宮外濠から見つかった。壬生門は朱雀門の東隣りの門である。奈良時代の中頃に埋め立てたこの門前の外濠から，207点もの木製人形，少数の鳥形，船形が出土したのである。平安時代に編纂の『法曹類林』に引く式部文には，大祓を「大伴(朱雀門)壬生二門間の大路においてす」とあり，遺跡の状況や史料批判などから，大量の人形は8世紀中頃の大祓に流したもの，と判明した。壬生門前の大祓跡では，木製人形が中心で人面土器などは伴わない。これに対し，京内外の溝などから大量の人形，人面土器，大和形土馬，模型かまどなどが伴出した場合も基本的に大祓の跡と考えている。それは大祓も恒例と臨時，臨時の場合その動機によって，祭祀具が違う，と予測しているからである。

大祓は通常，道路上を臨時の祭場に実修し，祭祀終了後に傍の溝，運河に人形などの祭祀具を投棄しているので逆に，溝や運河などからかかる祭祀具が多量に出土した場合は，傍の路上が臨時の祭場と判断できる。なぜ路上を臨時の祭場としたかと言えば，道の字の原義が異族の首を携えて修祓しながら進むことにある[4]ように，道は一般には，外界と接する危険な境であったからである。道と道が交差する衢(ちまた)は，とくに危険であった。この観点からすると，祟りなす穢を速やかに根の国底の国に追放するため，大祓を路上で行なうことは，理に叶った思考といえよう。

3 七瀬祓への道程

かかる大祓の祭場跡(以下単に祭場と称す)は，平城京跡の場合，主要なもので10ヵ所余りあり，

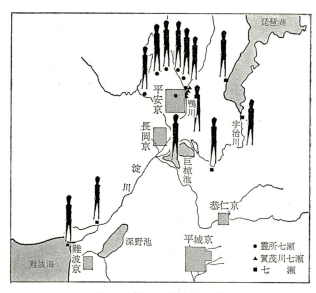

図 1 史料にみる平安京の七瀬

その位置関係によって，宮内，京内，京外に分類できる。京外の遺跡は，平城京羅城門の南約1.5kmの稗田(ひえだ)遺跡である。ここは羅城門から飛鳥に通じる下ッ道と，平城京の東を大きく迂回した人工河川との合流点で，立派な橋の跡が出土した。橋と下ッ道周辺で大祓を実修し，川に祭祀具を投じたのだろう。京内では，大路の側溝や，運河跡，山城への往還路であった東三坊大路側溝などがある。また宮南面の壬生門前や，東南隅の宮外濠は，恒例の大祓の場であるとともに，とくに後者は，道饗祭や鎮火祭の場としても重要である。この他，宮内の幹線水路からも相当量の祭祀遺物が出土している。このように大祓の祭場が複数あるのは，官人とともに京の住民も大祓に参加したことと，同じ人達が祓の効果を高めるため，場所を変え祓の回数をこなしたため，と思う。後者は先に述べた七瀬祓のもともとの意味にあたる。

宮内や京内におけるこうした祭場の形成は，平城京に先向する藤原京(694年〜710年)に始まる。たとえば，藤原宮を南北に貫く幹線排水路，宮の東面や南面の外濠，さらには薬師寺西南隅と八条大路側溝との交差部などである。藤原京跡の調査が今後進めば，こうした祭場の様相はより詳細となるだろうが，現状でみる限り，藤原京のそれが平城京の祖型と考えて誤りあるまい。ただし，藤原京で主たる祭祀具は人形を中心とした木製模造品であり，人面土器，大和型土馬，模型竈などを新たにつけ加える平城京との間には，律令的祭祀

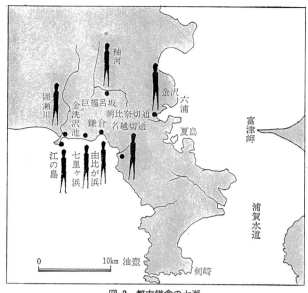

図 2 都市鎌倉の七瀬

の展開上大きな差異がある。

784(延暦3)年から10年間の都であった長岡京跡は、近年の調査により、祭場の様子もかなり明らかとなった。ここでは遺跡の数を別とすれば、平城京跡と基本的には似た状況にある。ただし、平城京跡では稗田遺跡しか明らかでない京外の大祭場が、ここでは西京極の西山田遺跡と北京極の大藪遺跡の2カ所が明らかとなっている。あるいは、長岡京の段階で京を四方から囲む祭場が成立したのであろうか。このように、都城内の祭場が、宮内、京内、京外という構造をもつとすると、各々の場における祓の目的に何らかの機能差を考えるべきかも知れない。この点は後に考えることにし、地方都市にも大祓が普及し、その祭場が都城と同様に重層化している様子を、調査がすすんでいる但馬国府推定地を例に、見てみよう。

『日本後紀』804(延暦23)年正月26日条に、「但馬の国治を気多郡高田郷に遷す」とあり、兵庫県城崎郡日高町にその推定地がある。日高町内には国府推定地が数カ所あるが、その有力候補の水上、深田地区は国分寺・国分尼寺の中間点付近の円山川の沖積扇状地にある。この地区から810(大同5)年の官稲と記した木簡や帯金具、陶硯などが出土し、国衙的雰囲気を漂わせている。ここを含め、周辺のカナゲダ遺跡、松岡遺跡、川岸遺跡、国分寺跡、禰布ヶ森遺跡、姫谷遺跡からは木製の人形・馬形・斎串、さらに遺跡によっては刀形・鳥形や舟形も出土している[5]。ここでは、人面土器や大和型土馬などを見ないが、これらは都城を中心とし、地方にあまり見ないものである。西方の山間部にある姫谷遺跡を除けば、2〜3km以内の比較的近接した位置にある。なかでも国府推定地の東側に位置する松岡遺跡では、45点の人形の3割以上に、見事な墨書があった。西方の姫谷遺跡では墨書例はなく、顔の表現はすべて刺突法によっていた。墨は高価である上に、顔を描くのに技巧者を患わすとすれば、そうした人形の使用者は国庁の上級役人などに限られよう。この周辺に国府があることは、ほぼ確実であろう。

このように、国府の政庁自体は未検出であるが、現状でみる限り、祭場は国府の有力候補地の内部と、その周辺に分布するのである。言い換えると、国府の内と外という二重構造を考えてよいだろう。すなわち、平城京・長岡京跡でみた祭場の雛形が、但馬国府推定地で実現しているのである。問題はその年代であるが、国府推定地諸遺跡の年代は9世紀前半という。これは『日本後記』の国府移転記事の年代とも矛盾せず、地方における大祓の普及時期を考える一つの定点になろう。

今日、平安京の祭場の具体的様相はなお明らかではないが、以上の叙述によって、平城・長岡京や但馬国府推定地における祭場の構造と、冒頭にみた三種の七瀬祓と関連させて誤りあるまい。すなわち京内の祭場は、加茂川七瀬と、京外のそれは霊所七瀬と、それぞれ対応すると思う。最初の七瀬に関しては、考古学上から追求する手懸りを、今のところ欠いている。なお、祓の回数・場が複数を意味した七瀬が、「7」カ所の瀬という数に収斂していく時期は不詳だが、10世紀末にはそうした意識が定着していたようである。963年の『応和三年御記』には「難波湖及び七瀬に赴き(略)三元河臨禊」と見えるし、円融天皇の972(天禄3)年12月10日の河臨御禊では、料物の等身人形と5寸の木・錫・鉄の各人形が各々7、21と言う7の倍数になっている。等身人形1と5寸の木・錫・鉄の各人形3、合わせて4枚の人形を七カ所の瀬に流したのである。

4 都市鎌倉の七瀬川

史料上は、10世紀に初見する七瀬祓は、平安宮以降どのように展開するのであろうか。律令政府

77

から政権を引き継いだ鎌倉幕府は，平安宮宮廷のそれを模ねた七瀬祓を実施している。幕府の動静を伝える『吾妻鏡』の1219（建保7）年7月26日条には，大学助安部晴吉が七瀬祓に奉仕した，とみえる。源頼朝が征夷大将軍に任官したのが1192（建久3）年7月のことであるから，30年近い時が流れ去っている。これはそれなりの意味があったようである。貫達人・阿部正道両氏によると，建久3年7月段階の鎌倉は，範囲も狭く，農村的様相を呈していたのであり，ここが本格的に発展するのは1221（承久3）年の承久の乱以降という[6]。承久の乱後，鎌倉が事実上の首都として発展する中で，平安宮の宮廷行事をとり入れ，都城としての姿かたちを整えていったのであろう。この鎌倉七瀬は，『吾妻鏡』1224（貞応3・元仁1）年6月6日条に，霊所七瀬として由比浜，金洗沢池，固瀬川，六連，柚河，杜戸，江島龍穴を記す。

これは霊所七瀬とあるように平安宮のそれを模したものであり，平安宮の霊所七瀬と同様に，鎌倉を扼する地点に設けてある。

すなわち，南は海，残る三方を岬と山という天然の要塞に守られた鎌倉に入るには，後に鎌倉七口とよばれる要衝があった。上の七瀬はこうした要衝と少なからぬ関連がある[7]。まず由比ヶ浜は言うまでもなく南面の海浜。金洗沢池は，七里ヶ浜の西，行合（逢）川を越した付近。坂下を経てここに至る道には，極楽寺切通がある。固瀬川は，鎌倉と藤沢との境を流れる境川の下流。1235（嘉禎1）年12月27日の霊所祭（霊所七瀬）に先立つ，同月20日の四角四境祭の場所でもあった。江島龍穴は，固瀬川のさらに西。柚河（いたちがわ）は，横浜市戸塚区の戸部川の支流。この川を渡った鎌倉街道は巨福呂坂に通じた。六連（六浦）は，朝比奈切通を東に抜けた現在の金沢の地（武蔵国六浦庄）である。ここは房総の対岸にあたる良港であるとともに，製塩を行なうという，軍事的・経済的に重要な地であった。六浦も四角四境祭の場であった。杜戸（もりど）は，三浦に通じる名越切通を逗子側に抜け，田越川を越した西である。このように鎌倉の霊所七瀬は，鎌倉を扼する地に設定したことが明らかであろう。

5　古代都城と七瀬祓

時代は下るが，13世紀初頭の『禁秘御抄』によると，七瀬祓は陰陽師が奉仕したがその主役は，

8世紀の大祓と同じく人形であった。当日陰陽師が，祓の場所を記した蓋つきの折櫃に人形を入れて進める。女房がこれにいろいろな衣を着せ，席を敷いた台盤に載せ天皇に供す。天皇はこの人形に息を吹き掛け，身を撫でてこれを返す。再び櫃に入れ，7人の内侍を七瀬に派遣し，そこで解除（はらえ）する，とある。この七瀬は加茂川七瀬のことである。次に問題になるのは，加茂川七瀬と他の七瀬との間に何らかの機能差があったか否か，である。鎌倉幕府では，霊所七瀬とともに河臨祓（『吾妻鏡』1236年8月5日条）を実施。霊所七瀬の1224年6月6日，1254（建長6）年9月4日の両例は雨に係わる祈願，とみえる。例が少ないが，三種の七瀬祓に機能差が生じている可能性がある。この問題は，8世紀の祭場を考える場合にも考慮して，祭祀具の有り方，組み合わせなどに気を配る必要があろう。

もはや詳しく述べる暇がなくなったが，ここで問題にした都城と祭場は，すでに述べたように藤原京に遡るものである。祭場と関係深い人形や他の木製模造品も藤原京の時代，いわゆる天武・持統の時代に遡る。8世紀の大祓や，七瀬祓に活躍する人形は本来中国の祭祀具で，これが律令的祭祀と係わりを持つのは天武・持統朝である，とかつて論じたことがある[8]。ここでは，都城における穢の防止策を述べることに目的があったが，それは図らずも7世紀後半の天武・持統朝の祭祀政策の影響が，奈良・平安時代を経て鎌倉時代にまで及ぶことを，明らかにする結果となった。

註

1) 宗懍　守屋美都雄 訳注 ほか『荊楚歳時記』（東洋文庫 324）1978
2) 金子裕之「平城京と祭場」国立歴史民俗博物館研究報告，7，1985
3) 井上光貞「古代沖の島の祭祀」『日本古代の王権と祭祀』1984
4) 白川　静『字統』1984
5) 『日高広報』1987年2月，『兵庫県埋蔵文化財調査事務所展示会図録4』吉識雅仁・加賀美省一両氏の御教示による。
6) 貫　達人・阿部正道「鎌倉」『日本の考古学Ⅶ』1967
7) 地名比定は『新編相模風土記稿』などによる。
8) 金子裕之「古代の木製模造品」奈良国立文化財研究所研究論集，Ⅶ，1980

特集 ● 古代の都城—飛鳥から平安京まで

都城制の周辺

都城の建設にあたってはどういう尺度が使われ，条坊制と条里制はどうちがうだろうか。また，中国との関係はどうであろうか

土地と建物の尺度／条坊制と
条里制／中国都城との比較

土地と建物の尺度

奈良国立文化財研究所
伊東太作
（いとう・たいさく）

古代人は都城を設計・施工するにあたっては大尺・小尺など共通の尺度＝基準尺を用い，きわめて高い精度でこれを行なっていた

　古代都城は広大な空間に，まことに秩序よく営まれている。宮域の堂宇も，京域の街路も整然と計画され，確実に施工されているように見える。光学的な機械などなかった時代に，古代人はどのような技術を駆使して測量作業を行なったのであろうか。また，現代のメートル法のような，法律で定められた尺度（物差し）があったのだろうか。
　測量技術については，中国の文献などにもとづいた諸々の仮説や，古代測量技術の復原的実験がいろいろ試みられているが，資料不足ということもあって，いまだ決定的な説明がつくに至っていない。
　一方の尺度（物差し）についても，古くから論じられている。しかし，これについては都城や関連遺跡の発掘調査がすすむにつれ，新しい知見が次次と提示された結果，従来の説が裏づけられたり，あるいは前向きに覆されたりするなど，今もなお盛んに論議されているところである。
　ここでは，新しい発掘調査の成果など，新知見をまじえながら，古代都城の尺度について考えてみたい。

1　尺度の基準

　古代都城の基準尺度を解明するためには，大きく2つのアプローチが考えられる。ひとつは，文献による方法であり，今ひとつは，発掘調査の成果や，物差しに関連する伝世工芸品の寸法より推定する方法である。しかし，この特集のテーマである7，8，9世紀の長期間にわたる尺度を究明する作業は，かなり困難であることは否めない。それは，大陸よりもたらされた物差しが日本に受け入れられ，定着し，発展し，この国独自の文化に応じてさまざまな形に変形したこと，あるいは，数種のものさしが時として併用された可能性があることなどが，この問題をより複雑にしているからである。
　701年に藤原不比等らが編纂した法律書，「大宝律令」がある。なかに，尺度に関して規定した条項もあり，それによると，10分を1寸，10寸を1尺，10尺を1丈，1.2尺が大尺の1尺，5尺を1歩，300歩が1里といった，長さの単位に関する記載がある。この大宝令に言う大尺を一般に高麗尺といい，小尺を唐尺（唐大尺または天平尺）とよんでいる。この後，713年にこの規定は改正されて尺度はすべて小尺に統一されることになった。この時期はあたかも，藤原宮から平城宮に都が移され，宮内の諸施設が次第に整備されつつある過渡期にあたっているため，平城宮跡・京跡の発掘

調査成果からうかがえるように，宮域内の基本的なレイアウトや，京全体の都市計画などは大尺で，宮内の建物やその配置などは小尺で設計・施行されるといった，大尺と小尺が併用される形となっている。

この小尺については，正倉院に伝わる物差しや，鏡などの美術工芸品，平城宮跡，平安宮跡などから出土した物差しから，その基準とする長さをうかがい知ることができる。それによると，小尺の1尺は，おおよそ0.295 m〜0.298 mほどの値をとる。この数値は，平城宮跡の発掘の成果とも一致する。たとえば，第2次内裏の一郭は，この小尺（天平尺）で10尺の等間隔のメッシュ状に地割され，その整然と区画された計画線の上に，建物が配置されていることがわかっている。

2　飛鳥・藤原宮の尺度

それではここで，大宝令以前の7世紀から8世紀の初頭にかけて，実際に使用された尺度についてみてみよう。

この時代は古くは，建造物にも大尺を使用することがあった。600年頃に創建された飛鳥寺については，その発掘調査報告書によれば，基準尺は高麗尺であることが指摘されている。現存する法隆寺の西院伽藍も同じく大尺を基準尺としていることはよく知られているし，現在の大講堂の下層にある遺構も大尺が基準となっていたことが発掘調査で明らかとなっている。さらにまた，前年，回廊の建物が倒壊した状態で発掘されたことで話題になった飛鳥の山田寺（645年創建）の場合も，金堂や回廊などの遺構を計測すると，大尺で完数を得ることができる。しかし，講堂，塔については，小尺を基準としたとみたほうが説明しやすい数値が得られている。

一方都城の方はどうであろうか。飛鳥地域の諸宮については，造営尺に言及することのできる規模の発掘が少ない。わずかに，前期難波宮で柱間隔が測定できる遺構を検出している（これについては後述する）。

ここでは，発掘例の豊富な藤原宮についてみてみよう。ここでも宮全体の地割計画にあたっては，宮造営尺として大尺を用いたという説が有力である。ちなみに，藤原宮跡の発掘調査で検出した，宮城を囲む大垣の掘立柱塀のうち，東面と西面の塀の心々距離は925.4mであり，これを小尺

（1尺/0.297 m）に換算すると3,120尺と半端な数字となるが，さらに1.2で除すると，2,600尺（大尺）という完数を得ることができる。

また，同様に大垣に開く各門，大極殿，内裏，朝堂院，官衙地区など，宮内主要ブロックの配置についても，大尺によって決定されたとみられる。ただし，宮内の個々の建物の配置とか，建物そのものの寸法については小尺を用いたようであり，2種類の尺度に関した大宝令の規定が，大宝元年以前から実態として存在し，実際の宮の造営などに反映されているものと考えることができる。

3　奈良時代の尺度

703年，奈良盆地の北端，平城宮に都が移る頃になると，俄然，尺度に関する資料が増えてくる。現存する寺院の建物の数も，飛鳥・藤原宮の時代の建物に比べると多いし，発掘例も多い。さらに，平城宮跡に代表されるように，広大な面積が，計画的に発掘調査されている都城遺跡もあり，尺度を大局的な視野で検討する上に有効な材料がととのってきている。また，律令制度にもとづく中央集権が本格化するに伴って，国府，郡衙，国分寺，大宰府，東北の城柵官衙，郷倉などに代表されるような官衙の施設が各地に造営される。それらの遺跡の発掘調査の進展も尺度論を展開する上で基礎資料を提供しつつある。

しかし，8世紀の尺度の問題についても多くの問題が未解決のまま残されている。依然として，発掘調査のたびごとに，造営尺の問題は最大の関心事の一つとして挙げられ，報告書の考察の項の重要な項目となっている。それは，日本における発掘調査によって検出される建物の遺構の大半が，掘立柱の掘形や，素ぼりの溝など地面に直接穿たれたものであり，座標計測の際，測定値にある程度の幅を持たせざるを得ないことが多く，容易に柱の中心などを確定しにくい遺構であることが原因の一つであろう。

平城京・宮でも，先に述べたように，藤原宮と同様，全体の計画地割については大尺を（挿図参照），個々の建物については小尺を用いている。

ただし，713年の大宝令の改正以降に施工された，京の条坊制地割や宮城内の建物配置にかかわる地割において，従来のように大尺を用いたのか，それとも新たな法令にしたがって小尺を採用するようになったのかについては，資料が不足し

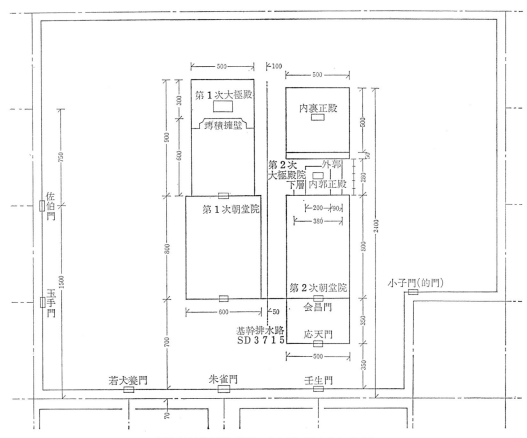

平城宮地割復原図（単位は今大尺）（井上和人氏原図）

ている現在，残念ながら明らかにできない。しかし，各地の国分寺跡や長岡京などの調査成果によると，金堂，塔基壇などの伽藍の配置寸法が，おおよそ小尺で解決できるようであり，おおむね計画地割に当っても小尺を採り入れる方向に進んでいるとしてもいいのかも知れない。

平城宮は，710年から784年まで74年間を通して，日本の首都であった。その間，わずかではあるが，小尺（天平尺）にも変化が見られる。平城宮は，その発掘の成果から，74年間に大きく3期の変遷を経たと考えられている。すなわち，遷都直後から山背の恭仁京に一時都を移す頃までのⅠ期，その後，長岡京遷都までのⅡ期，平安時代の平城上皇の時期のⅢ期である。その間に，天平尺は1尺当り 0.295 m から 0.298 m と徐々にではあるが長くなる傾向がみえる。宮内の建物が最も整備されたと見られるⅡ期頃は，1尺当り 0.297 m におちついている。物差しを，次々に移しとっていくと，おおむね伸びていくという実験があるが，あるいはそれが平城宮の3期の間に，1尺当りの長さがおおきくなる原因かも知れない。

4 大尺から小尺への移行

時代が下がるにつれ，大尺が用いられなくなり，小尺がもっぱら使われるように変化していったのはなぜであろうか。また，713年に小尺に統一する法改正がなされたのはどこに原因があるのであろうか。

大尺で設計・施工された建造物のなかに，しばしば同一の建物の内での柱間寸法を変えて設計している例が見られる。また，山田寺の金堂の柱間寸法が大尺の16尺，14尺となっているように，きわめて長い柱間寸法を取る場合がある。これはメートルに換算すると実に 5.8 m～5 m となる。地割と異なり建物の場合は尺度は，空中に組み上げる建築の部材とのかかわりが大きい。あらかじめ木取りする梁や桁，その他の壁材，建具などあらゆる部材の寸法は，柱間寸法が異なれば，どの柱と柱の間にくるかによっていちいち異なった木取りをしなければならなくなる。また柱間が長い場合には，ことさらに長い木材を使用することが必要となる。それは，木材の木取りや施工上，き

わめて非能率的であろうことは想像に難くない。

先に述べたように，小尺と大尺の比率は1：1.2である。この1.2というのは，最大公約数の比較的多い数字であり，混用してもさしたる不便はなかったと思われるが，あえて小尺に統一しようとした原因の一つを，こうした建築技術上の問題に求めてもいいのかも知れない。

平城宮の主要な建物には10尺等間が多いことや，例外はあるが，東北の多賀城，西国の大宰府を始めとして，全国の国分寺，国衙，郡衙に至るまで，令の小尺を基準とした，規格性のある建物が営まれている傾向が確かめられることは，そうしたこととかかわる点も大きいと思われる。

5　その他の基準尺度

いわゆる前期難波宮といわれる建物群については，大尺でも小尺でも説明のつかない基準尺が使われていることは，早くから知られていた。沢村仁氏は，0.30 m/1 尺で説明しようとしたが，後に中尾芳治氏が0.292 m説を提起した。また，これと時期的に同年代と見られる，飛鳥稲淵川西遺跡で発掘された，宮殿を想定させる遺構でも，この前期難波宮と近い数値の造営尺が使用されている。これらの例から，7世紀後半代の宮殿の一部などの造営にあたっては，後に大宝令に規定されるようになる大尺・小尺とは異なる長さを持つ物差しを基準とした尺度が用いられていたことがあることが知られる。また，8世紀では，播磨国府，下野国府，伯耆国庁などで主要建物に0.30 mという基準尺が使われていたことが，発掘調査の結果判明している。また時代は遡るが，飛鳥の川原寺でも1尺/0.30 m の基準尺が用いられている。これらの例から，平城宮などとは異なる物差しが別に存在し，それに基づいて造営する別な尺度規定があったのか，問題の残るところであるが，この時代の物差しの実長が必ずしも，全国的に画一化されたものであった訳ではないということは，すくなくとも言えるようである。

6　平安時代

784年に平城宮から遷都し，794年に平安宮に移る間の，わずか10年間ではあるが，京都の西，乙訓の地に長岡京が営まれる。ここでも100次を越える長岡京関係の発掘調査が行なわれ，現在も進行中である。10年間と言うわずかな期間にも

かかわらず，京に関する造営はかなり整っていたことが，発掘の結果判明しており，条坊についても数次の発掘結果から，ある程度の復原がされてきている。713年の大宝令改正に則って，条坊地割が小尺で設計されていたことが明らかにされつつある。また，個々の建物についても，ほぼ定着化したと見られる0.298 m/1 尺が踏襲されている。

長岡京から京都に都が移り，平安京が400年近く，政治の中心地となる。この時代の尺度を考えるにあたって，延喜年間（905年）に制定された「延喜式」と言う法令集が貴重な史料となる。この中に平安京の大きさや，街路の幅（京程）が細かく記載されているからである。つまり，奈良時代のように発掘結果から計画尺度を推定するだけではなく，式の記載に照らし，それとの相異点，類似点，施工精度などの検討が可能となる。

都城のみならず，全国の役所関係の施設は基本的には，令の小尺を基準尺としているようであるが，時代が降るにつれ，奈良時代70年間と同様，少しずつ物差しそのものが伸びてくる傾向がある。これが，現行曲尺の0.303 m/1 尺に，にわかに結び付くとは言えないにせよ，以後，日本における基準の尺度は30 cmを境に，その付近をわずかの上下しかしなかったようである。

7　まとめ

平安時代の終末期になると，律令制の崩壊と軌を一にして，全国的な統一をはかった，この画期的な基準尺の制度も乱れてくる。

もっとも，7世紀から10世紀にかけて，宮殿，官衙，寺院といった，いわば国営の施設や，政府高官の屋敷などには盛んに使用されたこの基準尺も，一般の，いわゆる庶民の間にどれだけ浸透していたかははなはだ疑問である。事実，東国では，竪穴住居を主体にした集落が形成されているように，施工材料や使い勝手のいい間取りにあわせた尺度が，一般的には使用されていたのだろう。

いずれにせよ，都城を設計・施工するに当って，古代人が共通の尺度を持ち，きわめて高い精度でこれを行なったという事実に，改めて目を向けると同時に，これから先，こういった遺跡の発掘に当っては，古代人の意図を充分にくみ取ることのできる，精度のいい調査を行なうことが，われわれに課せられた課題である。

条坊制と条里制

奈良国立文化財研究所
木 全 敬 蔵
（きまた・けいぞう）

条里と条坊は影響は認められるが直接には関係し合っておらず，
また坪一辺は 106m が都市部，109m が農村部に用いられていた

1 109 と 106

大和盆地の 条里制水田を計測すると[1]，坪の一辺は 109m よりやや長いという平均値を得る。また全国各地における条里制遺構の調査報告書をみても，坪の一辺は 108〜110m が多く，109m という長さが条里制地割の基準になっていると言ってよいだろう。

大宝令雑令 に「凡度地，五尺為歩，三百歩為里」とある尺は高麗尺で， mに換算すると 0.354 m[2]にあたる。 したがって１里は 1,500尺 531mである。１里四方の面積は町段歩制の５町四方の面積に等しいので， １里＝５町，１町は 531m÷5÷106m に換算される。

岸[3]は，下ツ道と中ツ道の間の距離を 2,118m と計り，これに大宝令以前に使われていたとされる高麗尺６尺 (2.124m)＝１歩 を用いて 1,000 歩という完数を得た。藤原京の西京極を下ツ道，東京極を中ツ道と推定し，京の中心線を両道の中間におき，東西に 500 歩＝10町÷1,060m ずつ東西に条坊を計画した。つまり，藤原京の条坊計画の基本単位として，106m が採用され，飛鳥寺・川原寺の伽藍配置も含めて，飛鳥地域に 106m 方格地割が展開していると主張した。

岩本[4]は，海竜王寺の寺地が平城京の条坊制にのっていないことに着目し，1/1000 地形図上で計測したところ，水上池南堤防中心線から海竜王寺北築地までは，106m の倍数の 318m，北築地より寺地の南限と見られる春日神社の土塀まで 106m 等々，平城京造営以前に 106m 方格地割が存在したことを徴証する事例をいくつか指摘した。

岸[5]は，さらに面積を表わす単位である町段歩が使用される以前の単位は代であり，面積 500 代の正方形の土地の一辺が 106m であることを論証した。即ち，岸の説く飛鳥の方格地割や，岩本の主張する平城京造営以前の方格地割は，条里制以前の代制地割があったことを示そうとしているのである。岸・岩本説には賛同者が多く，岸の飛鳥の方格地割は 定説に なっている 感さえ する。井上[6]は，発掘成果を慎重に検討し，飛鳥に 106m の方格地割は存在しなかったと岸説を真向うから否定した。そして，岩本説にも疑問が多いとしている。

大和盆地の条里制水田の坪の辺長を計測し，ヒストグラムを描くと，路東条里の一条から十条の間では， 南北辺は 106m が最大値になる。これは，岩本説の裏付という解釈も成り立つが，106m 代制地割先行には納得しかねる点が多い。岩本は条里呼称が採用されたときに，106m の代制地割を 109m の条里制地割に 変更したと 主張する。106m を 109m にするということは，畦畔・水路の全面的な付替え工事を伴い，莫大な経費・労力を必要とする。１区画の長さを3m 拡張することによって得られる利益とは一体何であったのか，また 106m を 109m にしなければならない政治的な理由があったのだろうか，これらが，106m の地割があったと認められない大きな理由である。

町段歩制では， １里＝５町であるが，条里制では１里＝６町である。１里＝５町から１里＝６町に変化した理由や時期も条里制研究の問題点として残されているが，規定の上では１町＝106m に変りはない。現状の条里制水田の計測で得られる 109m という値との差3m は，畦畔・水路用地であると考えざるを得ない。

土地区画の 基本単位は 令により 106m であるが，国家経済の基盤である水田の区画は，平等でなければならない。つまり，畦畔・水路による減歩を出しては班田や，租の徴収が平等に行なわれないということで，109mを採用したと解釈する。一方宮殿・官衙・寺院などの都市施設，あるいは宅地では，街路によって減歩を生じても，後日面倒なことは起らないので，106m の基本単位がそのまま用いられたと考える。以下，水田では 106m 方格を 109m 方格に変更することはなく，最初から方格の一辺は 109m であったという仮説をたてて論を進める。

2 藤原京

下ツ道を西京極，中ツ道を東京極とし，東西八坊，横大路を北京極にとり南へ十二条伸ばした八坊十二条の条坊制であったと岸[7]により復原され，発掘によっても確かめられつつある。藤原京跡のほとんどが水田化され，現在でも条里制地割（東西辺の平均 111.7m，南北辺の平均 109m）がよく遺っている地域に入る。ということは藤原京廃絶後条坊制地割が消され，条里制地割の下に埋没した事を物語っていて，条里制地割が，平城京造営後に発生したという説に有力な証拠を提供している。藤原京右京八条三坊全域を占めると推定される本薬師寺の寺域の西南隅周辺の発掘調査[8]によって，本薬師寺の造営は条坊の建設に先行していたことが明らかにされた。ところが，現存する東西の塔の礎石から復原された伽藍中軸線は，三坊の中心を通り，条坊計画に沿っていることを示している。したがって，条坊計画は本薬師寺以前に策定されたと考えられ，その時期は，本薬師寺の造営年代を考慮すると天武朝までさかのぼり得る。さらに，宮域内にも条坊と斉合する道路遺構が発掘され，宮域内先行条坊道路と呼ばれるようになった。岸[9]や木下[10]は，これらの発掘成果をふまえて，藤原宮の造営以前に，倭京の条坊地割が設定されていたとする考えを提示している。また倭京の条坊設定以前に 106m 方格地割があったとすれば，その痕跡が検出されてもよいはずである。宮域内先行条坊道路遺構と平行する性格不明の溝がそれではないかと考えられないこともないが，その間隔は，106m または 106m の倍数にならず決め手を欠いている。

3 平城京

図示したように，平城京は京東条里，京南辺条条里，京南路東条里，京南路西条路，京北条里と呼ばれる条里制地割に囲まれている。106m 代制地割先行説に従えば，「106m の方格地割のあったところに平城京が建設され，条里呼称法が導入されたのを機に京周辺の地割は 109m に変更された。そして下ツ道，中ツ道・京南横大路（足利[11]の命名，京南辺条条里の南辺に"道代"，"大道の上"という小字名が遺存しているところから，下ツ道より東へ向う横大路が存在したと推定されている），京の九条大路，四坊大路などの大路に区切られたブロック

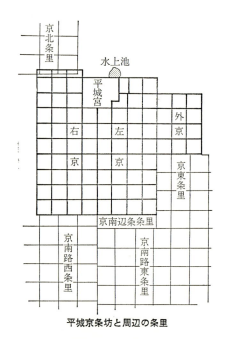

平城京条坊と周辺の条里

に，図のように京東条里，京南辺条条里・京南路東・路西条里と命名された。」ということになろう。もし，106m 代制地割が存在していたとすれば，京東条里の範囲である水上池南堤防の中心線から京南横大路までの距離は 106m の倍数でなければならない。しかし，図上計測では 5,232m で，109m のぴったり 48 倍，京東条里 8 条分（8×6町＝48町）に一致する。また路西条里が平城京一条北大路の北1町からはじまる説をとり，九条大路の南3町（路西条里の一条と二条の界線）までの距離を図上計測すると 5,280m であった。この値は 110m×48 で 106m では割切れない。

岩本[12]は，京南横大路は，京南路東条里の基準線として作られたとしている。その根拠は，道代と並んで高縄手という小字名に着目，縄手というのは条里の基準線のことを指すというのである。筆者の調査[13]によれば，「縄手は，低湿地に設けられた，小堤防状の水をさえぎる施設で，その天端は交通路として利用される。」というもので，条里の基準線として利用されたこともあるだろうが，縄手＝条里の基準線ではない。岩本の言うように，京南横大路が，条里制水田施工時に建設されたとすれば，水上池南堤から京南横大路までの距離が109と6の公倍数になるのは当然であるが，京南横大路のない路西条里における 110 と 6 の公倍数の説明がつかない。少なくとも水田には 106m の地割はなく，平城京造営以前より，109m を

基準とした方格地割が存在していたと考えた方が
すっきりする。

平城京の京域は，下ツ道を中軸線とし，その東
西に藤原京の東西幅，南北には水上池南堤より藤
原京の南北長の 1.5 倍を展開し，後に外京を付け
加えたと理解されている。条坊の規格は藤原京の
2 倍になり，1 坊が高麗尺 1,500 尺（530m）四方
で区画されたが，106 の倍数が使われていること
は変っていない。岩本[14]は，海竜王寺の存在の他
に，平城宮推定第一次朝堂院築地間が 106m の 2
倍の 212m であることをはじめとして，106m 方
格に一致する遺構があるのは，106m 代制地割が
存在した証拠としたが，むしろ都市施設の基本単
位が 106m であることの証明にほかならない。そ
ういう視点で海竜王寺を見直すと，海竜王寺は奈
良山丘陵から南へ張り出した尾根筋の水田化の難
しいところに立地している。すると当然基本単位
は 106m が使用されたことが理解出来る。水田
は，平城京造営以前より 109m 方格に地割されて
いて，京の造営によって，多少水路の付替えな
ど，京の周辺では手直しがあったかも知れない
が，大筋では変化はなかったと考えている。た
だ，条里呼称法の導入によって，条里名のブロッ
ク化，再編成が行なわれたであろうと推定する。
京東条里は，北は水上池南堤防の中心線を東へ延
長した線から始まり，京南横大路を東へ延長した
線までの 8 条とした。北の一〜四条は外京の下に
埋没したのか，もともと五条から始まったのかは，
外京の造営年代にかかわる問題である。平城京造
営当初から外京があったとすれば，条里呼称のス
タートから，変則的な番付はしなかったはずであ
る。外京の記事が文書に最初に見られるのは，天
平勝宝八歳（756）の「五条六坊園……」であるか
ら，この頃に外京が形成されたとすれば，一〜四
条がないことの辻褄が合う。京南路東条里が平城
京の九条大路から始まらないで，四町の余剰帯を
残して京南横大路を基準にしたのは，京東条里と
の接続を意図したものと思われる。

京南路東条里と，京南路西条里の間に，条界線
が 1 町ずれ（六条で修正される），条の呼称で 1 条
のずれがある。1 町のずれは，路西条里は，水上池
の南堤防の中心線を西へ延長した線よりも，1 町
北から始まっているからとされている。

条里呼称法が平城京造営後に整備されたのであ
れば，1 条 1 町のずれをつけて呼んだのは何故

か，九条大路から添下郡条里の一条が始まるのな
ら，ここから 6 町ずつ区画してもよかったではな
いか，一条が不完条でも止むを得ないとするな
ら，路東条里に合わせて，路西条里も，九条大路
の南 4 町から始まってもよかったではないか，そ
うすれば，少なくとも 1 町のずれは避けられた，
等々平城京周辺の条里制には，未解決の疑問が山
積したままである。

4 恭仁京

恭仁京は，条里制地割の展開していたところ
に，条里制地割を基準に条坊を計画し，廃都後条
里制地割に復したと考えられている[15]。しかし，
恭仁京の条坊と条里の関係にはいくつかの疑問が
ある。その 1 つは，条里制地割の施工年代のこと
である。条里呼称法が導入されたのは，天平 14
年（742）〜天平 20 年（748）の時期という説が有力
で，それに合わせて，106m の方格を 109m 方格
に変更したと考えられている。恭仁京の建設は，
天平 12 年（740）に始まっているのに，そこには
すでに条里制地割が存在していたという矛盾が
ある。左京の木津川左岸地区では，左京の中軸線
（恭仁京大内裏中軸線）は，谷岡[15]が復原した条里の
里界線に一致する。このことは，廃都後，左京の
中軸線が条里地割の基準線となったという説明に
はなっても，条坊が条里を基準にして計画された
とは言えない。一方右京は，作り道と呼ばれる大
和から北上して木津川を越える古道を基準にして
条坊が設定されたという作り道基準線説が足利[16]
から出された。作り道から 1,060m 西にとった南
北線を西京極となるよう条坊を作り，廃都後，西
京極を基準に条里制地割に変更したというが，右
京と左京で，基準線のとりかたに一貫性がないこ
とが，説得力に欠けるゆえんである。

疑問の 2 つ目は，昭和48年以降，京都府教育委
員会の手で発掘調査が続けられ，恭仁宮，山城国
分寺の遺構が次々に明らかにされているにも拘ら
ず，恭仁京の条坊の遺構は 1 カ所も見付かってい
ないことである。宮の内裏地区，大極殿院，朝堂
院推定地区には，条里制地割と長さの異なる地割
が存在していて足利の恭仁宮復原の手がかりとな
った。宮域の地割は条里制地割ではない，条坊の
痕跡が見付からないということは，恭仁京は，宮
殿の造営と朱雀大路の建設ははじめられたが，条
坊工事に着工する前に廃都になり，宮域はそのま

85

ま水田化され，条里制地割に復することはなかったと推論することも出来る。

3つ目の疑問は，宮の北から東北にかけて，条里制にも，条坊制にも合わない距離で南北の地割線が並列することである。これらの地割線の何本かは水路を伴い，貞応元年（1222）海住山寺の僧慈心が開鑿したと伝えられている大井手から取水している。このあたりは，山麓に連なる扇状地帯で水に乏しく，鎌倉時代に用水が開鑿されてはじめて水田化されたことも考えられるので，恭仁宮周辺の地割は，視点をかえて再検討する必要がある。

5 長岡京

長岡京跡の水田地帯は，長岡京造営以前には条里制地割が拡がり，長岡京の条坊制地割に変えられ，弘仁9年（818）[17]に至って再び，条坊の痕跡をほとんど残さないほど整然とした条里制地割に復した。そのために，かつては長岡京には条坊制はなかったのではといわれていた。発掘調査により宮の構造や，条坊が次第に明らかになり，平城京とほぼ同型のプランを持っていたことが判った。条坊の規格も平城京同様天平尺1,800尺（高麗尺1,500尺）であるが，2坊分の計測値が1,070を越えるところもあり，使用尺に伸びがあったことを示している。多少使用尺が伸びても，基本単位が300尺≒106mの思想は変っていない。

藤田[18]は，発掘された長岡京の条坊と，現在の条里制地割の関係を丹念に調べ，左京二坊坊間小路が，南北の条里坪界線に一致し，三条第二小路の北側溝が，東西坪界線の一つに一致することを見出し，これらが条里復原の際の基準線になったと考えている。恭仁京の場合のように，条坊の主要大路と，条里の里界線が一致していれば，現状の条里制地割は条坊を基準にしたといえるが，藤田の研究は，むしろ長岡京の条坊と条里の関係の稀薄さを証明したようなものである。つまり長岡京は，条坊をつくるとき，条里を基準にしなかったし，条里に復するときも条坊を基準にしなかったのであろう。

6 おわりに

条坊制は都市，条里制は農村という岸[19]の主張を，106mは都市，109mは農村に置きかえて，条坊制が条里制に先行した藤原京，ほぼ同時進行

の平城京，前後の確証のない恭仁京，条里制が条坊制に先行した長岡京の4京の条坊と条里の関係を見直してみた。

条里が条坊を規制した，あるいは条坊が条里の基準線になったという痕跡があるのは恭仁京のみである。平城京では，京の造営が周辺の水田区画に影響しているのは事実であるが，京に合わせて，地割の再施工を行なったのではない。つまり，条里と条坊は影響は認められるが直接には関係し合ってはいないと言えるだろう。そして，106m方格から109m方格へ変化したのではなく，106mは都市部，109mは農村部に用いられた基本単位であるという最初に立てた仮説は証明出来たと思う。

註

1) 木全敬蔵「条里の施行技術―大和国の場合―」『条里制の諸問題Ⅱ』1983
2) 藤原宮での値
3) 岸　俊男「飛鳥と方格地割」史林，53―2，1970
4) 岩本次郎「条里制―大和国における素描」歴史地名通信，8，1981
5) 岸　俊男「方格地割の展開」日本書紀研究，8，1975
6) 井上和人「飛鳥京域論の検証」考古学雑誌，71―2，1986
7) 岸　俊男　前掲3)
8) 奈良国立文化財研究所「本薬師寺西南隅の調査」『飛鳥・藤原宮発掘調査概報』六，1976
9) 岸　俊男　前掲3)
10) 木下正史「藤原宮域の開発―宮前身遺構の性格について―」『文化財論叢　奈良国立文化財研究所創立30周年記念論文集』1983
11) 足利健亮「大和から伊勢神宮への古代の道」環境文化，45，1980
12) 岩本次郎「平城京京南特殊条里の一考察」日本歴史，387，1980
13) 木全敬蔵「縄手地名―小字地名のデータベース化への実験作業―」地図，23―4，1985
14) 岩本次郎　前掲4)
15) 谷岡武雄『平野の開発』古今書院，1964，25〜37頁
16) 足利健亮「恭仁京域の復原」『日本古代地理研究』大明堂，1985，90頁
17) 中山修一「長岡京と条里制」『条里制の諸問題Ⅲ』1984
18) 藤田さかえ「長岡京条坊プランと条里」長岡京，28，1983
19) 岸　俊男「条里制に関する若干の提説」条里制研究，1，1985

中国都城との比較

奈良国立文化財研究所
■ 町 田　章
（まちだ・あきら）

日本の都城は部分的には中国との類似点がみられるが大局的に
は似て非なるものであり，百済や高句麗との比較も必要である

日本列島において7世紀後半から9世紀の間に
定着し発展した壮大な土木建築遺構である都城
は，大地を方格に区画し天皇の家居とその政府機
関を中心にすえ，その周辺に住宅・文化施設・経
済施設など計画的に配置する点に大きな特色があ
る。しかしながら，このような古代都市の発想は
平安京の建設をもって終止符をうち，こののち日
本人の脳裏に再生することはなかった。それは計
画的な都城の発想が，日本列島で自生したもので
はなく，儒教的な政治理念に基づく中国の支配体
系を模倣する一環として古代の支配階級によって
導入され，古代勢力の衰退とともに忘れ去られた。
また，東アジアにおける国際関係が断絶の過程で
忘却されてしまったことも注目すべきである。他
方，その形骸化した遺制が京都に残ったのは，天
皇が国家の実質的な支配権力を失なった後も日本
的な天皇のミヤコとして温存されたからである。

1　誰が都城のプランナーか

積極的に中国南朝の諸王朝との交渉を展開した
倭の五王の時代，彼地の支配体系ないしは支配の
ための諸施設を導入した徴証はない。5世紀後半
以降の古墳の造営には朝鮮の伽耶地方ときわめて
類似するところがあり，彼我の交流が極めて活発
であったことをしめしており，その頃には当時の
先進国であった高句麗・百済の支配制度を倭が学
んだ可能性は大いにある。だが，中国の制度を直
接取り入れることはなかった。

飛鳥寺の建設が僧侶以下瓦作りの工人にいたる
まで百済から派遣されたプロジェクトチームによ
ってなされたことで明らかなように，6世紀末か
ら7世紀にかけての日本の土木建築に関する技術
水準はきわめて低く，百済・高句麗の技術的な援
助がなければ飛鳥時代の寺院建設はおぼつかなか
った。1寺の建立とはことなり，都城の建設は蓄
積された文化の集大成でもあり，百済・高句麗の
人々の指導と援助がなければ達成できなかった。
事実，平安京の建設に至るまで都城宮室の建設に

かかわる長官・工匠は，渡来系氏族の占有すると
ころであった。

日本における中国式都城の建設が7世紀の後半
にはじまることの最大の理由は，さきにのべたよ
うにこの時期が東アジア諸国の再編成期にあたる
ことにあるが，それを可能にしたのは663年の
「白村江の戦」で敗北した百済・高句麗から多数
の人々が日本に亡命したからであろう。かれらの
事績は九州から近畿にわたってつくられた山城に
端的にのこっており，飛鳥の諸宮跡にみられる岩
石を多用する園池・溝・道・広場などにも技術の
一斑がしのばれる。さらに，かれらが漢籍をつう
じて先進国である中国にたいする理解が深かった
ことはいうまでもなかろう。

中国の都城にかんする直接の知識は，遣隋使・
遣唐使によって中国からもたらされたのであろう
が，それを日本の実状にあわせて奈良の地に実現
したのは，百済・高句麗で早くから南北朝時代の
中国の知識を蓄積していた渡来系の人々であっ
た。なぜこのようにいうかというと，当時の状況
では中国の都城をそのままの形で日本に再現する
ことはありえず，日本が保持した生産技術・政
治・経済などの文化水準内でしか模倣できないと
いう制約があり，都城の建設に際しては朝鮮から
の渡来人の頭脳で一旦咀嚼されたものが日本版の
都城であったと考えられるからである。つまり，
日本版都城には百済や高句麗における6・7世
代の都城の要素が組み込まれている可能性が大き
く，中国都城との比較だけでは片手落ちであるこ
とを強調したいのである。

2　高句麗の安鶴宮

朝鮮三国では，平地につくられた城郭と山頂に
つくられた山城とがセットになって都城が構成さ
れていることは，よくしられていることである。
山城の調査が比較的おこなわれているのに対し
て，平地の城郭についてはよくわかっていない。
朝鮮三国の宮城のなかで内部構造があきらかにな

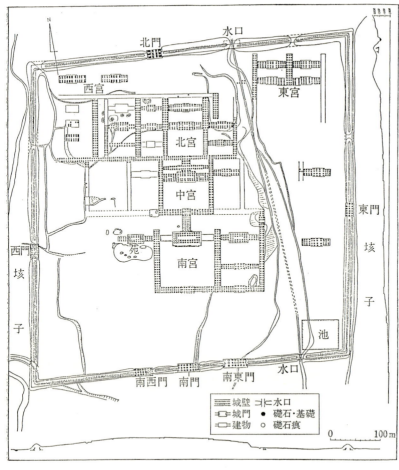

図1 高句麗安鶴宮殿舎配置図（永島暉臣慎「高句麗の都城と建築」より）

っているのが，高句麗の安鶴宮である。この宮城についてはなお不鮮明なところもあるが，ここでは427年に集安の国内城から遷都し，586年に長安城（平壌）に再度遷都するまで存続した平壌城にあてる説にしたがう（図1）。

この宮城は一辺約620mの方形にちかい平行四辺形を呈し，外周を土塁でかこみ，南面に3門，他の三面に各1門をひらく。内部の宮殿はおおまかにわけると回廊でかこまれた3ブロックにわかれ，強いて日本の宮室にあてはめてみると，宮城南半分の中央にする南宮は大極殿院，その後方の中宮・北宮とよぶ1郭は内裏，宮城の東北隅にある東宮は皇太子の東宮であろうか。大極殿院は3ブロックにわかれ，それぞれに正殿をおき中央を大極殿とすればその左右が東堂と西堂になる。大極殿の東西南の3面をかこむ内側の広場が朝廷になるのであろう。朝堂らしき建物はなく，あるとすれば大極殿正門外であろう。

宮城南門から南宮・中宮・北宮の正殿を結ぶ中軸線の東西に左右対称に建物を配置する状況は，村田治郎や秋山日出雄などが推測する南北朝時代の鄴都などの中国の宮殿配置と類似している。また内裏＝後宮に相当する区域が広いことも中国的である。さらに，官衙区域と王城とがはっきりと区別されている点も中国的といえよう。いうまでもないことであるが，日本の宮城よりも中国の宮城に類似しているのである。

いまのところ，6世紀頃の安鶴宮の例しか比較資料をもたないが，中国南朝の諸王朝と緊密な関係を結ぶ百済の王宮も安鶴宮に近い形態であったと考えても大過あるまい。現在のところ，百済の宮室の構造などについてはまったくわからない状況にはあるが，7世紀における日本都城の建設にさいしてブレーン的な役割を果たした百済・高句麗人が抱いたイメージの源泉の一端を安鶴宮に垣間みることができる。

3 藤原宮は中国北朝の都城をまねたものか

これまで，平城京は漠然と唐長安城を模倣したものと考えられてきたが，岸俊男は平城京のもとの型が藤原宮にあるとして，藤原宮の原型を鄴都や北魏洛陽城にもとめ，かれの説を支持する人たちも少なくない。はたしてそうだろうか。

藤原京が南北に長い長方形であることを理由の第1にあげる。かれの藤原京復原案では京域が中ツ道・下ツ道・横大路・山田道によって決まるとされており，それによれば京域はおのずから長方形を呈することになる。さらに，藤原宮下層遺構の条坊のセンターが必ずしも藤原宮のセンターとはいえないことからすれば，無理。

つぎに，藤原京の地割が一辺半里の正方形であ

ることは，坊の地割が東西に長い長方形である唐長安城ではなく，一辺１里で区画する北魏洛陽城のほうに似ている，と考えている。かれらがとりあげる北魏洛陽城の方格地割は，北魏になって拡張された大城の地割であって全体の形は横長の長方形に復原されている。それに対して，藤原京と似た平面形であるという内城は正方形に区画されているようではない。宮城の中軸線も内城のセンターにのってこない。もうひとことつけたせば，土地を一定の規格で分割する場合，正方形にするのがもっとも単純な方法であり，それが北魏洛陽城だけに存在したとはいいがたい。

岸俊男の説を支持する秋山日出雄は，日本都城の宮室の原型を北朝の鄴都に見いだそうとして精力的に論攷を発表しているが，必ずしも説得力のある解答がえられないのは上の理由によるからであろう。

4 大極殿と朝堂

中国都城と日本都城との根本的な相違として，京域の外周に羅城を巡らしていないこと，土地の神をまつる社稷と先祖をまつる宗廟がつくられていないことがよくひきあいにだされる。北魏洛陽城の大城に羅城があったかどうかは不明であり，南朝の建康城（南京）の外城には羅城がないので，羅城の有無は決定的な要素にはならないようだ。しかし，社稷と宗廟が欠落していることは本質的な違いであり，彼我のあいだによこたわる宗教観や倫理観のちがいをはっきりとしめしている。

日本版の宮城も中国・朝鮮とはことなる独自の平面形をとる。唐長安城・唐洛陽城では天子が居住し執政する宮城と百官が執務する皇城との間には，明確な仕切りがあり，それ以前の都城においても基本的に変わらない。高句麗の安鶴城も王宮だけが土塁で区画されているので，行政的な空間は別のところで考えねばならない。ところが，日本の藤原宮・平城宮以降の宮城では宮城の中央に南から，朝堂・大極殿・内裏を串差し状にならべて左右に百官の曹司をおく。このことは，行政機構が未発達であったことをしめすと同時に，中国と日本の国家規模のちがいをはっきりとしめす。

朝堂・大極殿・内裏の言葉はいずれも唐代およびそれ以前からの漢語であり，その配置や構造，あるいは使用法についてはできるだけ中国の制度にちかづこうとする。朝堂は皇帝が臨軒して公卿と共に政治を議したところとされ，大極殿正門とその南側に展開する諸官署とのあいだにあり，唐代では大極宮承天門外の左右，大明宮含元殿に付属する左右の閣下に東西の朝堂があった。近年発掘された大明宮の東朝堂は前後２時期のものが重複しているが，ともに文献のしめす位置にあり，東西に長い礎石建物１棟（前期：基壇 73×12.5m，桁行 15 間，梁間２間。後期：基壇 63×16m，桁行 13間，梁間３間）があり，築地ないしは回廊につながる。つまり，日本の朝堂のように12堂の建物を左右対称にならべる縦に長い平面区画をとっていないのである。

特異な建物配置をとる日本朝堂の起源を考えるとき，二つの見方がある。その１は，岸俊男の小墾田宮で想定した庭をはさんで立つ庁＝朝堂（類似の漢語をあてる）の建物が時期が下がり官人の数が増すごとに棟数が増えていったと考える見方。その２，秋山日出雄は日本朝堂が中国朝堂そのものの変化形態と考え，朝堂院の東西第１堂を朝堂にあてるが，それ以南の諸堂については言及しない。おそらく唐長安城では皇城に配置された諸官署の建物にあてているようである。つまり，唐長安城では承天門外の朝堂および横街をはさんでその前面に展開する皇城内の官署をまとめて，日本式の朝堂院を形成したと考えるようである。

いまのところいずれとも決めがたいが，心情的には岸説に賛成せざるをえない。前期難波宮・藤原宮・平城宮第２次朝堂院・平安宮の朝堂院が12堂で構成されていることは，12という数に意味があるようだ。中国の五行思想で事物をグループわけするとき12が最高であり，12堂も天子の十二章（天子の衣服のみに許された独得の模様）とか宮城十二門とかいうように，天皇が所在する庁だけに専有されるべきものとしての観念があったとみるべきである。

平城宮第１次大極殿院の場合はうえの諸宮といささか様相をことにする。ここでは，内裏と完全に隔離する広大な区域を複廊の築地回廊で画し，その奥を一段高くして大極殿およびその後殿をたてる。その東西には建物を配置する余地があり，左右に礎石建ての南北ないしは東西棟建物の存在が推測できる。このような平面形をとる大極殿は後にも先にも例がない。レンガ状の磚を多く用いていることとあわせて，壇上に大極殿を建てることにおいて，唐長安城大明宮の含元殿をまねたも

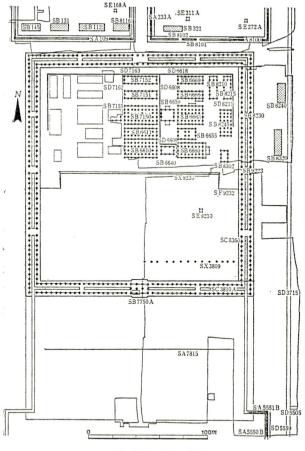

図 2 平城宮西宮の遺構

のであろうと考えられている。しかし，含元殿にとりつく左右の楼閣や中央の竜尾道はない。このような施設について，大極殿・朝廷・朝堂の機能を包括するものとして考えている。かりに，大極殿の左右に想定される建物を東朝堂・西朝堂にあてるならば朝堂は存在しないことになり，両側の回廊が朝堂の役割を果たしたとも考えられる。そうすれば，大極殿の壇に登る道が東西の回廊に接して設けられていることも理解できよう。

平城宮第1次大極殿院の南には，短期間をおいて，いわゆる第1次朝堂院が建設される。この区域の性格については，朝堂院であるという点で大方の見解は一致している。特異ではあるといえ，大極殿院の前にあるので位置関係から朝堂院とみるのである。はたしてそうであろうか，規模が大きいとはいえ4堂しかなく，さきの天皇の12堂に拘れば朝堂院とはいいがたい。前期難波宮以降，朝堂院の外側に朝集殿ないしは朝集殿院がもうけられているが，第1次朝堂院前の推定位置では朝集殿は発見されていない。このようなことから，ここではいわゆる第1次朝堂院を朝集殿にあてる考え方を提示しておく。

平城宮第1次大極殿院の地域は，奈良時代中頃以降になると別の宮殿が建設されている。やはり築地回廊で周囲をかこみ，大極殿のあった壇のうえに多くの建物が立つ。この宮殿は掘立柱檜皮葺の建物に想定され，中央に3棟の建物を組み合わせた大規模な殿舎をおき，左右に廊下でつながる6棟の脇殿を配し後方に多数の付属屋を置く（図2）。

このような宮殿が造営された年代は，天平勝宝5年以降のことであり，中国事情に精通し，つぎつぎに唐風の政策をおしすすめた時の権力者，藤原仲麻呂の施策の一環として理解できる。藤原仲麻呂の失脚後は称徳天皇と道鏡のいた西宮として使われた。

3棟の建物をつないで建物内の空間を広く確保する考え方は，唐長安城大明宮麟徳殿の中心建物の状況と酷似しており，その利用法も麟徳殿と同じように宴会や蕃臣の閲見などの典礼であったと考えられる。というのは，高床の建物には居住性があり，その後側に大膳職・大炊寮(?)の官衙を配していることは百官の饗宴を前提にするからである。一方，第1次大極殿院にしろ西宮にしろ，唐長安城大明宮を前提にしていることは，当時の遣唐使の応対が大明宮でなされていることと大いに関係するのであろう。かつて，正倉院には大明宮の絵図が保管されていた。

平安京で唐長安城・洛陽城の宮殿や街区の呼び方が多く取り入れられていることは，よくしられていることである。しかしながら，それは唐文化に対する憧憬の表現にとどまり，都城の本質的な問題にまでおよんでいない。

遣隋・唐使がみた都城は隋唐の洛陽城であり長安城であった。しかし，日本版の都城は平城宮でみられるように部分的には類似点が指摘できるにせよ，大局的には似て非なるものといわざるをえず，ましてやいつの時代かの都城図を下敷にして設計したとは到底いえないのである。

小論では，中国都城との類似をできるだけ多く探しだそうとする見方をやめて，むしろ相違点を重視する立場に意識的にたってみた。

● 最近の発掘から

小治田宮に関係する遺跡——奈良県 雷丘東方遺跡

北村憲彦・大佐古俊孝　明日香村教育委員会

　奈良県高市郡明日香村教育委員会文化財保存課は，昭和62年4月から8月にかけ，村道耳成線道路改良事業に伴う事前調査として，雷丘東方遺跡で発掘調査を実施した。調査の結果，平安時代初頭の井戸より「小治田宮」と墨書した土器が出土し，雷丘東方遺跡が『続日本紀』天平宝字4年から天平神護元年にかけて記載している小治田宮に関係する遺跡であることを確認した。

　雷丘東方遺跡は，飛鳥の小盆地の中央より西，雷丘の東南方向に位置している。遺跡の南には，南から西へ蛇行する飛鳥川が流れている。周辺遺跡には，北に大官大寺，東に奥山久米寺，南に飛鳥寺・水落・石神遺跡，西に豊浦宮・豊浦寺・小墾田宮推定地などがある。

　雷丘東方遺跡では，昭和45年に奈良国立文化財研究所が第1次調査を行ない，わが文化財保存課が昭和61年の第2次調査と昭和62年の第3次調査を実施している。第1次調査では，3時期におよぶ遺構を検出しており，報告書によれば，第II・III期の遺構を宮殿・官衙跡あるいは貴族の邸宅跡とし，『続日本紀』の小治田宮・小治田岡本宮との関連を示唆している。第2次調査では，奈良時代後半・平安時代前半の建物跡2棟と推古朝期の園池護岸を検出している。以下，「小治田宮」墨書土器の発見に至った第3次調査について報告する。

1　調査の概要

　調査区は，南北に細長いものとなり，北区・中央区・南区の3区にわかれた。3区の調査面積は300 m² である。北・中央区と南区では約1mの比高があり，南区が低い。北・中央区の層序は，耕土・床土・地山（黄褐色粘質土）で，北区では地山面に掘り込まれた井戸を検出し，中央区では地山面が南に約45度傾斜する河川護岸を認めた。南区の層序は，耕土・床土・砂礫層・地山となるが，砂礫層には河川跡とみられる水の流れた形跡がある。南区の南方には，現在飛鳥川が流れており，過去において蛇行や氾濫が数度繰り返していたとみられる。

2　井戸遺構 SE 01

　北区で検出した井戸である。上部で南北4.8 m，東西4.5 m，下部で方3mとなる深さ2.6 mほどの土壙を掘り，中央よりやや東に長方形の桧板材を内法1.68 mの井籠組にして重ねた井戸枠をすえている。井戸枠上部に

は，一辺0.1 mの角材を鍵手に組んでいる。井戸枠は8段からなり，東側枠板は6段分しか遺存していない。枠板は長さ1.8〜1.9 m，幅0.25〜0.3 m，厚さ0.05〜0.06 mと不揃いである。枠板の内面は，鉋により平滑に削り上げており，外面は手斧による仕上げにとどめている。枠板の組合わせは，上部4段と下部4段で異なる。上部4段は，枠板の両端を凸形にしたものと柄穴にしたものとを組合わせ，下部4段は，板材両端を凸形にしたものと凹形にしたものとを仕口として組合わせている。枠板のほぼ中央には，板材の上下両面に1ヵ所ずつの太柄を設けて枠を重ねている。最上部の角材は，南側・西側で遺存しており，長さは2.05 mまで計測できた。角材と枠板との重ね合わせには，細工は認められない。角材の上部にも板材の遺存は認められたが，残存状況が不良のため詳細な観察は不可能であった。

　井戸底部の状況は，湧水が伴う砂層上に井戸枠を直接据え，井戸枠内部に玉石を厚さ0.1 m分置き，その上に拳大の河原石を1〜2段敷きつめている。

　井戸内部には，補強したとみられる隅柱が4本あり，それぞれを横桟により安定させている。このことは，井戸の改修をものがたる。

　井戸掘方内の4か所の柱穴は，径0.25 mの円形で柱掘方をもたない。柱間は，南北4.2 m，東西3.6 mで，南北棟の井戸屋形が井戸を覆っていたことになる。柱掘方をもたないことは柱が先に建てられ井戸掘方が埋められたことでわかる。

3　井戸遺構 SE 01 出土遺物

　出土遺物は土器・瓦・櫛・木礼・斎串・板材・曲物・馬歯および桃核・栗などの種子遺体などがある。遺物は現在整理中であり，ここでは土器，とくに墨書土器を中心に報告する。

　井戸内部の堆積土は，上・中・下層に分類でき，土器は各層より出土している。上層には，土師器・須恵器・黒色土器があり，「□雷寺」と墨書した土師器杯と墨書痕跡を残す須恵器杯がある。この層には完形品あるいは，完形品同様に復元できる土器が多い。中層には，上層出土土器群に加え製塩土器も出土している。出土量では中層が最も多い。「□城下」と墨書した土師器皿が1点含まれている。下層は，井戸底石敷の直上遺物が大半

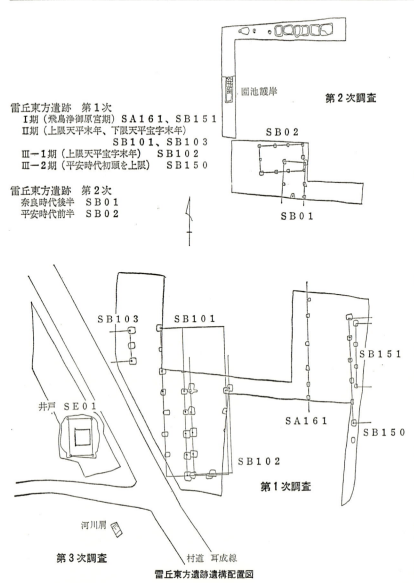

雷丘東方遺跡遺構配置図

で，土器・櫛・板材・曲物がある。土器は，土師器・黒色土器で大半が墨書している。墨書は「小治田宮」(11点)・「小治宮」(1点)・「宮」(1点)・「福嗣」(1点)で，杯・皿・椀の食器類の外面底部に墨書している。「福嗣」は人名と考えられるが異体字である。石敷直上の土器は，すべて土器外面底部を石敷に向けて出土している。また，土器の個体は完形品が2点で，他は復元が可能であった。これらから，土器は人為的に投入されたと推定しうる。井戸底の土器は，内面がナデ調整で，外面では底部より口縁端部にかけてヘラ削りが施されている。これらは9世紀初頭の土器の特徴である。

4 まとめ

以上のように，「小治田宮」の墨書土器は，『続日本紀』天平宝字4年から天平神護元年の小治田宮・小治田岡本宮の存在を実証した。また，墨書土器が出土した井戸が，小治田宮で使用していたものであり，雷丘東方遺跡に小治田宮の宮地を確定することができた。第1次調査の報告書が示唆していた第Ⅱ・Ⅲ期の遺構も小治田宮に関するものとなった。

「おはりだのみや」が文献資料に初めて現われるのは，『日本書紀』「遷于小墾田宮」で，推古朝の小墾田宮へ遷都した推古11年(603年)である。それ以降，斉明元年(655年)には，斉明天皇が小墾田に瓦ぶきの宮を計画し，失敗する記事がある。天武元年(672年)には，壬申の乱で小墾田の兵庫を守るとある。その後約90年間は記録から姿を消す。そして，『続日本紀』天平宝字4年(760年)淳仁天皇が小治田宮に行幸し，5ヵ月にわたり滞在したこと，天平神護元年(765年)称徳天皇が紀伊へ行く途中，小治田宮に立ち寄ったことなどが誌されている。文献資料の推古朝と淳仁朝の小墾(治)田宮には，約90年間の空白はあるが，淳仁朝の小治田宮が雷丘の東方で確定したことは，推古朝の小墾田宮から淳仁朝の小治田宮まで，飛鳥・雷丘一帯で継承していたとするのが自然であろう。それは，第2次調査で推古朝期の園池護岸を検出したことが，それをものがたっている。

雷・豊浦地域の調査を継続的に実施することが，推古朝の小墾田宮の所在を確定することにつながる。

参考文献
奈良国立文化財研究所「雷丘東方遺跡の調査」『飛鳥・藤原宮発掘調査報告Ⅲ』所収，1980

井戸SE01検出状況（東より）

「小治田宮」の墨書土器を出土した
奈良県雷丘東方遺跡

構　成／北村憲彦・大佐古俊孝
写真提供／明日香村教育委員会

奈良県明日香村の雷丘東方遺跡で，明日香村教育委員会による第3次調査が行なわれ，平安時代初頭の井戸から「小治田宮」と墨書した土器が多量に出土した。このことは『続日本紀』淳仁朝の小治田宮の存在を裏づけ，雷丘東方遺跡に宮地を確定することができた。しいては推古朝の小墾田宮地をも推定しうる資料として注目できる。

井戸枠下段および井戸掘形（東より）

井戸枠復元状況（上部2段分は除く）

奈良県雷丘東方遺跡

「小治田宮」墨書土器

墨書土器出土状況（東より）

井戸SE01出土墨書土器一覧

武蔵国分寺創建期の住居
東京都 武蔵台遺跡

武蔵国分尼寺の西北300mに位置する武蔵台遺跡は，武蔵国分寺跡の最も西に展開する住居跡群である。昭和60年度より実施した第3次調査では，出土した土器の内容から武蔵国分寺跡で発掘された住居跡のなかでは最も古く位置づけられる住居跡が検出された。これらの住居跡を武蔵国分寺創建期の住居跡として捉えることによって，出土した土器の絶対年代を位置づけることができる。

構　成／早川　泉・河内公夫
写真提供／府中病院内遺跡調査会

A地区全景

東京都武蔵台遺跡

33号住居跡全景

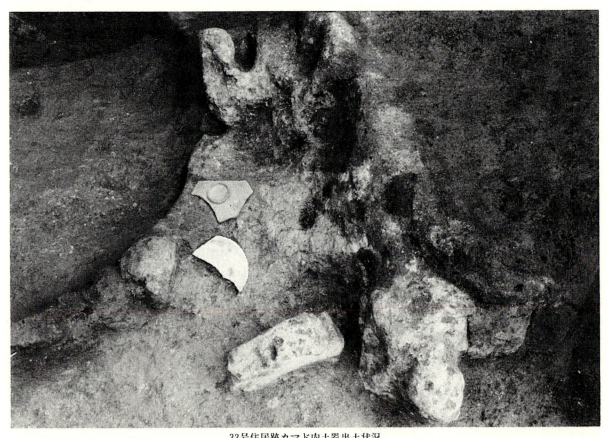

33号住居跡カマド内土器出土状況

●最近の発掘から

武蔵国分寺創建期の遺跡—東京都武蔵台遺跡

早川　泉 東京都教育委員会・河内公夫 府中病院内遺跡調査会

　武蔵國における歴史時代土器の絶対年代を示す資料は貧困である。8世紀代では，八王子市下寺田遺跡出土の美濃須衛窯産の高台付坏が713年吉蘇路開通により武蔵國にもたらされたとして，8世紀第Ⅰ四半期の年代が，9世紀代は武蔵國再建瓦を併焼した埼玉県入間郡新久窯出土土器に9世紀第Ⅱ四半期の年代が与えられている。

　実年代を示す資料に乏しい東国では，国分寺跡出土資料は年代を決定する定点的資料になる。しかし武蔵国分寺跡では，広域的調査がままならぬこともあって，基準資料を提示することができず，歴史時代土器編年に貢献するところが少なかった。

1　武蔵台遺跡の位置

　武蔵台遺跡は府中市武蔵台2—9，都立府中病院構内に所在し，国分尼寺の西北300mの武蔵野段丘上に立地する。昭和54年の調査から今回で第3次調査（団長・坂詰秀一）となる。調査総面積はすでに11,000m²以上に達し，住居跡総数51軒，掘立柱建物跡14棟，土坑，溝跡，火葬墓など多数の遺構が検出され，武蔵国分寺と密接不可分の地域であることが判明している。

2　武蔵国分寺跡の様相

　武蔵国分寺跡では，周辺部の調査も含めると400軒以上の住居跡が検出されており，その範囲は東西1.5km，南北1kmにわたっている。この住居跡群については，以前述べたことがある[1]。

　武蔵国分寺の住居跡群は時期的にいくつかの変化を示す。10世紀に入ると住居跡の数が急激に増大し，僧寺北方や尼寺西北地域にも広範囲な広がりを示し，僧尼寺中間地域では何軒もの重複した住居跡が現われたりする。11世紀には主要伽藍の近くにも住居跡が検出され，寺地の区面が変貌してきたことを示している。

　創建期の住居跡はさほど多くない。僧寺東方，中間地帯，尼寺西方地区に若干検出されるが，いずれも僧寺北側を東西に流れる湧水地帯の縁辺部に位置していることは興味深い。武蔵台遺跡から検出された該期の住居跡は，僧尼寺全体を見渡せる地理的位置，その軒数，掘立柱建物跡の存在などから，該期の中心的役割を担った住居跡群として位置づけることができる。

3　創建期の土器

　武蔵台遺跡では，第1次〜第3次の調査で51軒の住居跡が検出され，その中に底部箆削り調整を行なった須恵器坏形土器が10軒以上の住居跡から出土した。この土器群の内容を明らかにし，武蔵国分寺創建期の土器群として位置づけ，絶対年代の定点として明示する。

　図2は，33号住居跡より出土した一括土器である。

　1は須恵器の坏で，法量は口径15.5cm，底径8.6cm，器高3.5cmの大振りである。底部の調整は全面回転箆削りであるが，中央部にわずかに糸切り痕を残す。体部下端には弱い丸味があり，上端には巻上げ痕が認められる。胎土には海綿骨針が含まれ，石英の小砂利も目立つ。2は須恵器の碗である。口径18.6cm，底径10.7cm，器高6.3cmを測り，底部全面を回転箆削り調整を行なっている。3・4は須恵器の蓋で，3は扁平な中窪みのつまみを持つ。胎土，法量から2の碗とセット関係が考えられる。4は環状のつまみを持ち，3の蓋より大きく，口縁部の屈曲部が直角で，作りが丁寧である。これらの須恵器にはすべて海綿骨針が含まれている。5は土師器の坏で，底部を手持ち箆削りで扁平にし，体部を指頭で荒く整形し，口縁部を1cm幅でナデ整形，内面も全体に丁寧にナデ整形している。口径13.6cm，底径7.8cm，器高3.8cmである。6は土師器の碗である。底部は丸底で，体部にかけて箆削り，口縁部は横ナデしている。体部上端に巻上げ痕が顕著である。7は土師器の甕で，胴部から口縁部にかけて"くの字状"に外反し，胴上部で最大径21cmを測る。口径20.5cmと胴部より口径が多少小さい。以上の土器の内1・4はカマドから，その他は床面からの出土である。

　武蔵国分寺創建期の土器は，SI24住居跡やSD72溝跡・SK603土坑出土土器が有吉重蔵[2]と酒井清治[3]によって取り上げられている。酒井はSI24住居跡は前内出窯跡と同時期の製品とし，SD72溝跡は前内出窯跡でも古手，SK603土坑は先行するものと考えている。本住居跡とSI24住居跡・SD72溝跡出土土器の法量を比較したのが図3である。3者とも底径と口径の比率はほぼ同様であるが，33住居跡は，底径・口径ともに大振りである。ただし器高に差は無い。

　國平健三[4]は前内出2号窯跡を法量の上からA〜D群に分離し，D群を先行型式につながる一群として捉えて

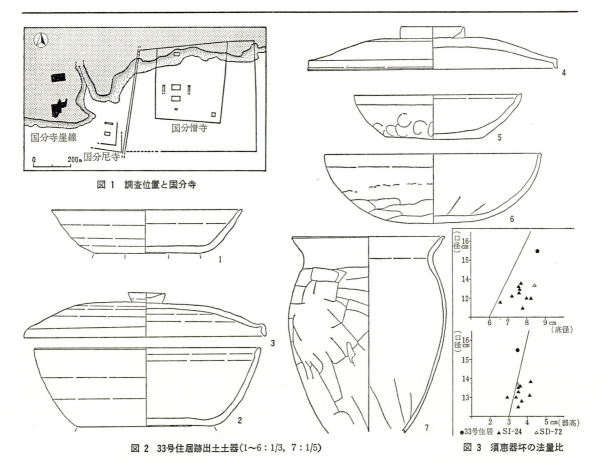

図1 調査位置と国分寺

図2 33号住居跡出土土器(1〜6:1/3, 7:1/5)

図3 須恵器坏の法量比

いる。この分類に国分寺跡出土土器を当てはめて見ると，SI 24住居跡はA群に，SD 72溝跡はB群に，33号住居跡はC群に近似する。坏形土器が大振りから小振りに変遷することが，型式学的に認められるならば，武蔵台遺跡33号住居跡出土土器は武蔵国分寺跡で現在までに発見された最も古い土器群となる。

4 武蔵国分寺の創建

武蔵国分寺創建年代については諸説がある。宮崎紀[5]は新羅郡名瓦が出土しない事実を取り上げ，新羅郡の設置された天平宝字2年(758年)を，原田良雄[6]は多種多様の間に合わせ的瓦の存在から造営督促の詔を反映したとして，天平宝字元年(757年)を完成の目途とした。これに対し有吉[7]は，創建瓦に平城宮系の瓦が存在することから中央政権との密接な関係のもとに導入されたとし，主要建物は天平宝字元年にほぼ完成し，全体の完了は天平宝字年間(757年〜764年)と考えた。国分寺発願の詔は天平13年(741年)とされるが，これにも異論がある[8]。国分寺はこの時すでに建設作業が始まっていたとするのが一般的である。いずれにしろ740年代後半から760年代後半には，武蔵国分寺が完成していたとしてもそう大きな狂いはない。国分寺創建年代は改めて論じるとしても，その間わずか20年である。750年を中心としてその前後の時期を武蔵国分寺創建期として位置づけ，33号住居跡出土土器の絶対年代とするものである。

註

1) 早川　泉「(特集・武蔵国府と国分寺)各地区における住居跡群」文化財の保護，12，東京都教育委員会，1980
2) 有吉重蔵「武蔵国分寺創建期の造営過程について」東京の遺跡，13，東京考古談話会，1986
3) 酒井清治「武蔵国における須恵器年代の再検討」研究紀要，9，埼玉県立歴史資料館，1987
4) 國平健三「相模国の奈良・平安時代集落構造(上)」神奈川考古，12，神奈川考古同人会，1981
5) 宮崎　紀「武蔵国分寺」『国分寺の研究』上巻，京都考古学研究会，1938
6) 原田良雄「塔址より見たる国分寺創建年代」西郊文化，7，1954
7) 有吉重蔵「武蔵国分寺跡出土の平城宮系瓦について」東京考古，1，東京考古談話会同人，1982
8) 荻野由之「国分寺建立発願の詔勅について」史学雑誌，33—6，1922

連載講座
日本旧石器時代史
7. 細石刃文化の編年と地域性

文化庁文化財調査官
岡村 道雄

　数万年の間続いた最終氷期も次第に温暖化し、約13,000年前には今より年平均気温が3度ほど低い程度となる。このころから積雪量が増加し、ブナやナラの落葉広葉樹林が拡大した。全国各地の火山も活発化し、北海道の恵庭a軽石、青森県東部に分布する八戸軽石、山形県の肘折軽石、群馬県の板鼻黄色軽石、栃木・茨城県の今市・七本桜軽石、南関東のUG（板鼻黄色軽石に当たる可能性あり）など九州まで多くの噴出物が知られる。これらは、この期の石器群の新旧を決定する上でも重要である。また大型哺乳動物も減少・死滅するなど自然環境が激動した時期である[1]。

　この激動期に対する第一段階の適応としてナイフ形石器文化に代って、細石刃文化が登場する。石器の器種組成など、以前とは様相を大きく変える。ただし、依然として石刃が細石刃核や共伴石器の素材として、継続的に生産される。しかしやがて、両技法とも衰退・消滅して、旧石器的石器製作は終わる。またこの文化の各地域での受容の仕方の違いや、遺跡の性格の差による器種組成の差は、以前とはやや異なった生業や社会の出現を暗示する。そして少なくとも細石刃や荒屋型彫刻刀形石器は、大陸を起源とする北あるいは南からの影響のもとで成立したという世界史的位置づけが必要とされる文化的変動でもある。

● 器種と細石刃製作技法 ●

　細石刃が圧倒的多数を占める。そのほか北海道では前の時期から継続して、石刃素材を中心とするエンド・スクレイパーが安定して組成される。とくにこの期の特徴としては荒屋型の彫刻刀形石器、角二山で特徴的なスクレイパーあるいは箆状石器の出現、さらには礫器が少量ながら安定して組成される。また石錐、各種スクレイパー、単打彫刻刀形石器、楔形石器、磨石・砥石・敲石などは依然少量ながら共伴する。なお、ナイフ形石器・木葉形（槍先形）尖頭器の共伴については意見が分かれる。

1. 細石刃

　細石器の一種で、非常に小型の石刃（幅2mm～1cm、長さ約2～5cm）をいう。北欧・シベリアなどの出土例からみて、軸にはめ込み組合わせて槍あるいは側刃器として、用いられたらしい。折り取って適当な長さにするが、調整加工することはほとんどなく鋭い縁辺をそのまま残す。

2. 荒屋型彫刻刀形石器

　剥片を素材とし、まず全周に腹面からの打撃を加え、さらに基部だけには背面からも加工し、最後に右肩から左肩にかけて彫刻刀面を作り出す[2]。

　細石刃石器群は北海道・九州地方で豊富に出土するが、両地域とも包含層の発達が悪く、層位的な資料の発見はもとより一括資料の検出すらなかなか容易でない。そこで細石刃核の型式・技術的検討による研究が中心となった。早くから吉崎昌一らによって接合資料をもとに技法復元的な分析を基盤とした研究が進められ[3]、その後加藤晋平・鶴丸俊明・鈴木忠司・橘昌信らによってもいくつかの技法が抽出されている。そして、それらをもとに編年・地域性、さらには隣接大陸との系統論などについて活発な議論が展開されている。まず各技法について紹介しよう[4〜10]（図19）。

　① 峠下技法（峠下型細石刃核）

　石刃か縦長剥片に、多くは片面加工して、横断面D字形に近くなる尖頭器様のブランクを作る。この段階で長軸方向の一縁辺を「側方連続剥離」して打面を用意し、下縁も調整する。次に将来の

99

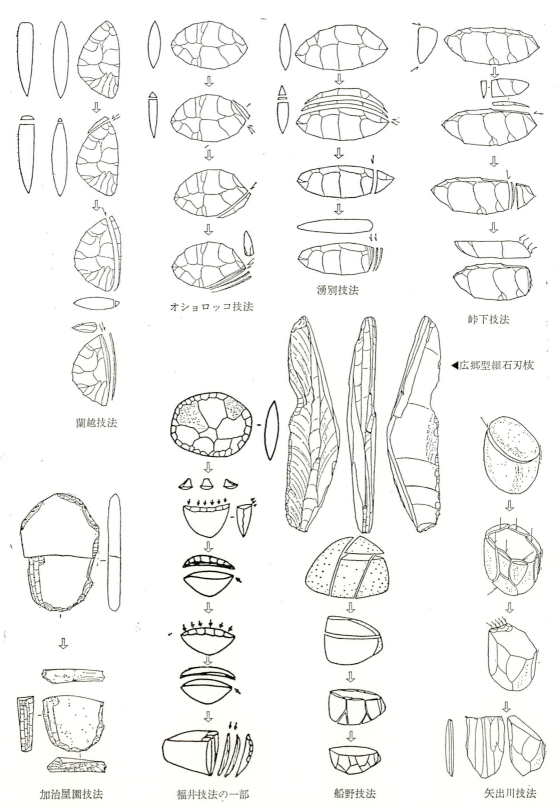

図 19 細石刃技法の工程模式図（技法を導く分析の精粗はさまざまであり，技法の変異幅についても検討されていないことが多い）

細石刃剥離作業面側から大きく1回，まれに細かく数回にわたって打面調整されるが，他端まで抜けることはほとんどない。こうして打面が最大厚となる舟底形の細石刃核が準備される。細石刃剥離は，石核短軸の一端で行なわれ，側面調整されていない石核の片面に偏って進行する。

② 湧別技法（白滝型・札滑型細石刃核）

入念に両面加工を施した半月形に近い尖頭器様のブランクを作る。次にその長軸方向に縦割りして平坦打面を作るが，打面がブランクの最大厚部分に至る安定した打面を確保するまで数回剥離を続ける。ブランクの縁辺をまず剥いだものは舟底状削片，その後のものはスキー状削片と呼ぶ。こうして舟底形の細石刃核が準備される。その短軸の一端または両端で細石刃生産が開始されるが，剥離の進行に伴う調整や打面再生はごくまれである。なお，石核の厚さが1.5cm前後の小型で8割強のものの打面に擦痕がつけられているものを白滝型，厚さ3cmほどの大型で擦痕がみられず，打面から側面へ調整することが多いものを札滑型と呼んで区別することが多い。

③ ホロカ技法（ホロカ＝幌加型）

礫やぶ厚い剥片を素材とし，分割面や剥片の腹面を打面として周辺を調整し，下端からも調整を加えて舟底形のブランクを用意する。短軸の一端もしくは両端において細石刃を剥離する。打面には調整なく，打面幅は石核の最大幅となる[5]。

④ オショロッコ技法（オショロッコ＝忍路子型）

入念に両面加工した尖頭器状あるいは半月形のブランクを用意する。その先端付近から側縁に沿って主に1回の剥離で概して小さな平坦打面を作り，そこに細部調整を加える。ブランクの短軸かやや斜めの軸で細石刃を剥離し，打面再生することもある。残核の大きさはバラツキが大きい。

⑤ 蘭越技法（蘭越型）

半割した尖頭器様の両面加工石器，もしくは打面部が最大厚になるように両面加工された半楕円・長楕円・短冊形などのブランクを用意する。その一側縁からの「側方連続剥離」あるいは将来の細石刃剥離作業面側からの剥離によって打面を形成する。そこから石核の長軸に沿って細石刃を生産する。細石刃剥離作業面からの加撃で大きく打面を再生することがある。細石刃は幅広（6～8mm）で長さ7～8cmになるものもある。

⑥ 広郷技法（広郷型，射的山技法・射的山型とも呼ばれる）

厚くて大きな石刃に腹面から斜めに截ち切る剥離を施す。その後将来の細石刃剥離作業面側からの加撃で打面を作出し，素材である石刃の右側縁に沿って細石刃を生産する。その他の周辺調整は少ない。細石刃剥離作業面方向から打面を再生することがある。

従来多面体の彫刻刀形石器と考えられてきたが，細石刃に二次加工と使用擦痕が認められること，技術的に他型式の細石刃核に共通する手法をもつこと，これらが単純に出土する遺跡があることなどにより細石刃核・細石刃として評価するのが妥当だという[5,6]。

⑦ 福井技法（福井型，西海技法を含む）

円礫から剥いだ大型厚手の剥片に周縁から側面調整を加えて楕円形または尖頭器様のブランクを整える。石核の打面になる部分には，平坦な礫面を残す場合もある。次にブランクの先端から長軸に沿って剥離を加え平坦面を作った後か，あるいはこの段階を抜いて「側方連続剥離」を施し，最終的には先端から長軸に沿った剥離によって平坦打面を作出する。その後短軸に沿って細石刃を生産する。打面の再生，調整が行なわれる場合もある[9]。

⑧ 矢出川技法（野岳・休場型）

角礫・円礫の一端に平坦な面を作ったり，あるいは礫・部厚い剥片を分割して，平坦面から石核を角柱状，角錐状，板状などに粗く整形する。細石刃剥離作業面は一端にのみ設定されるのが一般的である。打面調整が施されることが多く，打面再生や転移もしばしば行なわれる[10]。素材の選択や各種石核調整などについて多様であり，技法的なまとまりに欠けるという指摘がある。

⑨ 船野技法（船野型）

厚味のある剥片の腹面あるいは半割された礫の剥離面を打面にして，将来の石核の両側面と時には下縁からも調整を施し舟底形のブランクを用意する。その短軸の一端または両端に設けられた細石刃剥離作業面の正面観は幅の広いU字または逆台形となる。打面調整はきわめてまれである。細石刃生産が進行すると残核の形状は野岳・休場型に近似し注意が必要である。なお，ホロカ技法あるいはホロカ型細石刃核に類似するが，ホロカ型に比して小さく，石核調整も粗く，石材選択が異

なる傾向があり，一応区別できる。

⑩　加治屋園技法（畦原型）

拳大の扁平な小礫（砂岩または粘板岩）を両極打法などを用いて分割し，分割面を打面として短軸の一端または両端で細石刃を生産する。打面は無調整で側面も礫面や節理面であるが，下縁を調整することは多い[11]。

● 細石刃石器群の編年 ●

細石刃は北海道東北部，九州北西部には多量に分布するが，地域によっては遺跡数も少なくほとんど発見されない所もある。ちなみに武蔵野台地の後期旧石器遺跡は300か所にのぼるが，うち細石刃文化に属する遺跡は30か所に満たない。これらのことは本州では当文化期が短期間であったことを物語るのであろう（図20）。

1.　北方の細石刃石器群

資料が多量に発見されている北海道東北部では，細石刃石器群を包含する土層の発達が悪く，層位的な上下関係はもとより同期に残された一括資料の把握も困難である。これまでに検出された層位的な出土例は，タチカルシュナイ第V遺跡A地点での下層が湧別技法で上層がオショロッコ技法の例，同遺跡C地点での下層が峠下技法で上層が湧別技法の例，美利河I遺跡では下層が峠下技法，中層が札滑型・峠下型の中間タイプと蘭越技

法，上層は有舌尖頭器，大型石刃などと広郷技法であった。また約1.5〜1.3万年前に降下した恵庭a軽石層を鍵層にするとオショロッコと峠下技法はその上層から発見されている。さらに立川遺跡第I地点ではオショロッコ・蘭越技法の共伴が認められる。

つぎに細石刃核の素材の供給や後出の器種との共伴関係を新旧の目安としてみよう。峠下・広郷技法は石刃技法を技術基盤とし，石刃が細石刃核や他器種の素材となっている。このような石刃技法の安定は，細石刃技法が石器群全体の技術基盤となった湧別技法の前後に位置づけられるという[4]。さらに蘭越・オショロッコ・広郷技法と峠下技法の一部は有舌尖頭器を組成する。

またいくつかの細石刃技法や荒屋型彫刻刀が共通に分布することから，系統関係が予想されるシベリアでの編年を参考にすると，峠下技法あるいはその一部が古く，ついで湧別技法やホロカ技法の段階と続き，オショロッコ技法・広郷技法は存在しないという[6,12]。ただし，蘭越技法の位置づけは，最古の段階[12]と湧別技法の後とする[6]見解に分かれる。

さらに峠下技法は，湯ノ里4遺跡で台形石器を伴い，また関連資料が東北地方でもわずかながら福島県谷地前C，山形県湯ノ花，秋田県米ヶ森遺跡などで終末期のナイフ形石器と共伴あるいは共

図20　細石刃文化期の編年と地域性

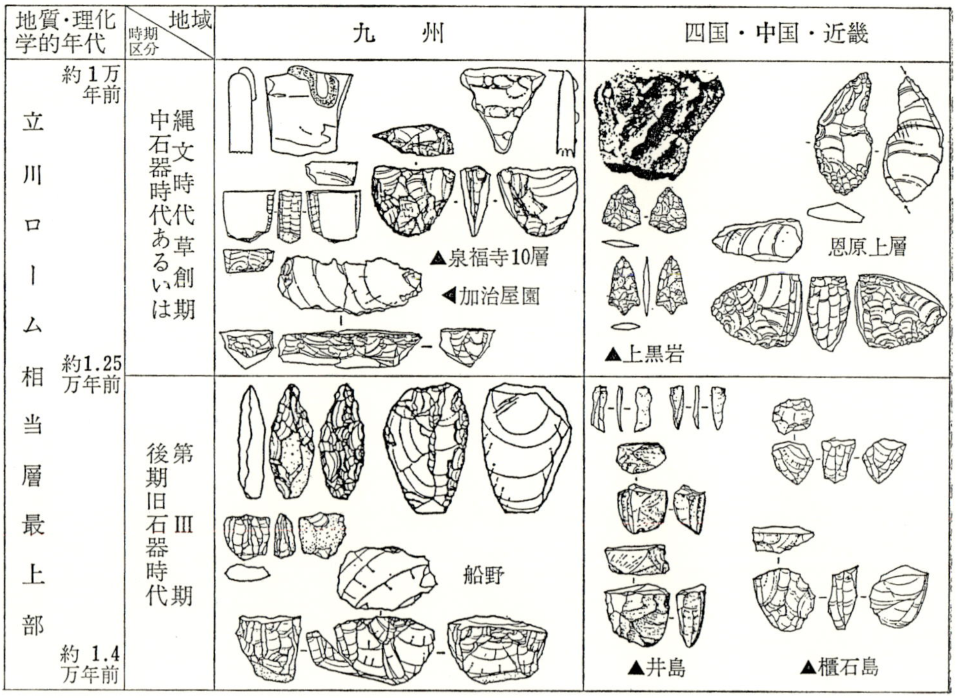

地質・理化学的年代	地域時期区分		九　州	四国・中国・近畿
約1万年前	縄文時代草創期	中石器時代あるいは	▲泉福寺10層　◀加治屋園	恩原上層　▲上黒岩
約1.25万年前 約1.4万年前	後期旧石器時代	第Ⅲ期	船野	▲井島　　▲櫃石島

（左端縦書き：立川ローム相当層最上部）

伴の疑いをもって出土しており，最古期に位置づけるのが妥当と思われる。ついで本州北半には湧別技法が流入し安定した細石刃文化を展開する。

以上を整理すると，峠下技法→湧別技法・ホロカ技法→蘭越技法・オショロッコ技法→広郷技法となろうか。

2. 西方の細石刃石器群

九州地方においては長崎県福井洞穴で第4層から野岳型細石刃核，第3・2層からはそれぞれ隆線文と爪形文とともに福井技法による細石刃石器群が発見され，層位的事実の基本となっている。後者の組合わせは同県泉福寺洞穴でも確認されている。また鹿児島県の加治屋園遺跡や加栗山遺跡では，加治屋園技法にそれぞれ「粘土紐貼付文」土器と石鏃が共伴するといわれ，同技法は後出のものと考えられる。また鹿児島県上場遺跡では野岳型がナイフ形石器・台形石器と共伴し，上層では爪形文土器と組成するという。さらに大分県船野遺跡第1地点では，野岳型と船野型の細石刃核が畦原型とともにナイフ形石器・台形石器と組合わせになるという。それぞれの共伴関係を層位区分の妥当性，一括遺物の層位的・平面的な捉え方の再検討を経て吟味する必要性を感ずるが，野岳・船野型が先行し，前者が継続する過程で福井・畦原型が土器を伴って後出する関係は動かないであろう。

3. 本州の細石刃石器群とその後

本州でも細石刃石器群が層位的に検出された例はきわめて少ない。そのような中で神奈川県相模野台地では当該期の火山灰層が60～70cmの厚さをもち，3層に細分される。しかも比較的多くの資料が層位的に発見されている。L_1H 層上部から B_0 層では野岳・休場型の細石刃核が出土する。さらにその上部からより上層の L_1S にかけては船野型が加わる。続いて L_1S 層上面では湧別技法の流れを引く石器群が無文土器とともに月見野上野遺跡で発見されている[13]。また野岳・休場型細石刃核と細石刃についても，層位的に差が見られる。下層では黒曜石を主石材として細石刃は幅3～5mmと小さいが，上層では細粒凝灰岩やチャートが用いられ，細石刃も幅4～9mmと大きくなる傾向が明瞭に読み取れる[10]。

九州で福井・加治屋園技法に土器が伴い，北海道で蘭越・オショロッコ技法などに有舌尖頭器が伴った文化が発達しているころ，本州北半では，神子柴石器群に無文土器が伴い，その後再び北から四国・中国地方にまで有舌尖頭器が及んで隆線文土器とともに発達し，爪形文・石鏃の登場と合わせて縄文文化の要素が色濃くなる。

● 細石刃石器群の地域性 ●

細石刃技法の違いとその新旧に基づいて各々の

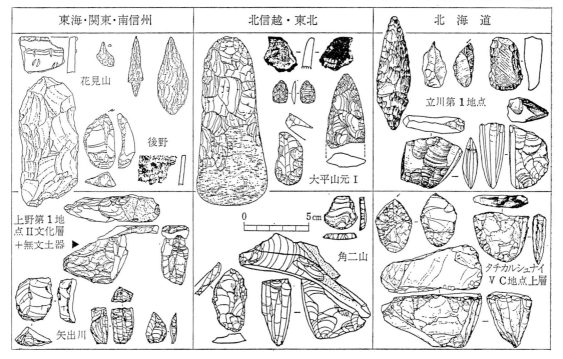

図 21 細石刃文化期（約 1.4～1.0 万年前）新旧の地域差
各技法が主流を占める遺跡の分布範囲を示す。なお新期の本州・四国には大型木葉形尖頭器・石斧類さらに有舌尖頭器が分布していた。

分布を図 21 に示した。ただし本州・四国地方では細石刃文化が未発見であったり、きわめて資料不足な地域が多く、地域性は仮説の域を出ない。ところでこれまで北海道で発達した湧別技法は、ホロカ技法とともに荒屋型彫刻刀をもってあい前後して茨城県・群馬県・新潟県の中部まで南下したと考えられてきた。しかし、近年類似の石器群が日本海寄りの岡山県恩原遺跡で発見された[14]。東北日本特有の頁岩に類似した石材を特徴的に用いており、北系統の細石刃文化が少なくともその地域にまで南下したことを明瞭に示す。また相模野台地の湧別技法の流れをくむ石器群の痕跡についても今後の調査が期待される。なおより後出の蘭越・オショロッコ・広郷技法の確実な資料は、北海道内でしか発見されていない。

一方、船野技法は東九州に偏りこの地域に産する流紋岩と強く結びついている[7]。さらに岐阜県海老山遺跡、静岡県駿河小塚遺跡など東海地方でも非黒曜石の石材を用いて多くの同例が知られており、相模野台地まで 2, 3 の例がある。また福井技法の確実な例は九州北部に限られるが、備讃瀬戸の櫃石島遺跡・井島遺跡・鷲羽山遺跡南地点などで散見され、この地域にまで及んでいたと予想される[15]。

なお、野岳・休場型石核は、少なくとも中部地方南部から関東地方以南に広く分布する。さらに類似資料が東北・北海道地方にもある。この型式は少なくとも日本列島南半では古いといわれ、ナイフ形石器を指標とする石刃石器群の中から日本列島内で生まれたとする説もある。

ナイフ形石器文化終末期には大きく捉えてさえも五地域に分かれた地域性が、外的な影響のもとで大きく南北の二大地域に編成されたらしい。

註
1) 安田喜憲『世界史のなかの縄文文化』1987
2) 芹沢長介『古代史発掘 1　最古の狩人たち』1974
3) 吉崎昌一「北海道白滝村 Loc. 30 の石器群」考古学手帖, 6, 1959
4) 山田晃弘「北海道後期旧石器時代における石器製作技術構造の変遷に関する予察」考古学雑誌, 71—4, 1986
5) 鶴丸俊明「北海道地方の細石刃文化」駿台史学, 47, 1979
6) 木村英明「細石器（北海道地方）」季刊考古学, 4, 1983
7) 橘　昌信「九州地方の細石刃文化」駿台史学, 47, 1979
8) 鈴木忠司「野岳遺跡の細石核と西南日本における細石刃文化」古代文化, 23—8, 1971
9) 橋本勝雄「長崎県福井洞穴における細石刃生産技術」『考古学論叢 1』所収, 1983
10) 鈴木次郎「細石器（本州地方）」季刊考古学, 4, 1983
11) 鹿児島県教育委員会「加治屋園遺跡」『九州縦貫自動車道関係埋蔵文化財調査報告Ⅵ』所収, 1981
12) 加藤晋平「日本細石器文化の出現」駿台史学, 60, 1984
13) 堤　隆「相模野台地の細石刃石核」大和市史研究, 13, 1987
14) 稲田孝司「中国地方旧石器文化の諸問題」岡山大学文学部紀要, 7, 1986
15) 小野　昭「瀬戸内沿岸地方の細石器文化」駿台史学, 47, 1979

書評

坪井清足 編
古代を考える 宮都発掘
吉川弘文館
四六判 320頁
1,800円

　平城宮の発掘が始まったのが昭和28年の暮である。それも文化財保護法により特別史跡に指定されたばかりの平城宮指定地内の北の一部に東から西に道路を付けよ、という米軍の要請に基づくものであった。その是否は別にして、敗戦の悲哀を味あわされた一幕でもあった。

　平城宮は、日本の宮都を考究する上には最上の遺跡である。江戸時代は兎も角、明治になって30年代になると関野貞氏の活躍、それに啓発された土地の植木業の棚田嘉十郎氏の献身的活動、さらにこれらに応じまたはそれを受けて何人かの顕著なはたらきをした先人たちの名をあげることができる。日本の宮都研究は、平城から始まったといっても過言ではない。

　昭和に入ってからの平城宮調査、そして奈良飛鳥の遺跡遺構の調査研究が進められ、戦時の中断を挟んで、法隆寺金堂の火災後の文化財保護法の制定、そして文化財保護委員会の付置機関としての奈良国立文化財研究所の設置と進み、平城の調査もその後多少の曲折はあったが、今日に至っている。

　奈良を中心にした大阪・京都・滋賀に及ぶ古代上代宮都の調査について、西の大宰府、東の多賀城についても、はたまた規模などは小型になるが、各地の国府・郡衙などについてもそれぞれ調査研究が進められ、成果をあげてきている。それらはおのおの報告書として逐次刊行されており、今日ではそのすべてを入手しまたは通覧することは、研究機関に頼ってもかなり困難であり、まして個人としては、研究上の必要のある場合でさえ、なかなかととのえ難い状態になっている。

　本書の刊行された理由は、今日の段階までの宮都調査の現状を辞書的に通覧できるよう、そして「古代を考える何々」と名付けた一連の書物（連続刊行中）へと道を開く、ということと思う。その意味からいえば、本書はまことに便利適切な出版である。巻末の河原純之氏の現地に則した要を得た紹介、巻頭の編者坪井清足氏の「宮都遺跡の発掘の意義」と「古代宮都発掘」の2編は本書の性格を語るものであり、従来の調査を概観した後に「この他にも数多くの記録にみえる離宮・行宮推定地があり、まったく考古学的調査の手が及んでいない。今後各地の未着手推定地の調査を組織的に調査する体制を作らねば、早晩遺跡は湮滅してしまうことが予想される。」とあることは、全国で調査者が絶えず当面することであり、ことに地方の官衙遺跡調査に慣れていない所では、現在を優先する形が強く出る場合が多い。本書の記事を見ても、史上有数の遺跡地が「開発の波が押しよせて」の言葉で調査さえ十分に行なえなかったことが述べられている。

　それらの例の中で、難波宮についての山根徳太郎氏の昭和27年以来（発掘は29年開始）の献身的な尽力、それを「情熱と執念」という言葉で本書は語っているが、その実態をより多くの方々に知って戴きたいものである。

　編者坪井氏は「わが国の宮都遺跡の研究において、中国とその周辺の国々の宮都遺跡との比較研究が最近きわめて盛んになってきている。」と述べ、中国の都城制がわが国の宮都の範になったといっても短絡的に、何々遺跡は中国の何々を手本にして造られたと決めつけることの愚を嘆かわしい、と続ける。このような速断は研究の道を渋滞させるものであり、宮都研究だけの問題ではない。

　大宰府・多賀城をはじめ各地の官衙遺跡の場合など、その地の抱く政治上の問題、例えば多賀城の場合、筆者桑原滋郎氏は、かつてはこの施設の機能は蝦夷制圧のためであるといわれていたが、今では城柵は地方官衙の一つの型として行政施設だと考えられている、と述べる。

　考古学研究は、発掘が基礎的な要素であることはいうまでもない。しかしその発掘作業さえ他科学との強い連繋の上に実施されるものである。平城をはじめ宮都発掘での目立つ遺物に木簡がある。そこに誌された文字は直接的に当時の実体を語っている。従来発掘されていた墨書土器や文字瓦を超えた内容をそれらは語っている。その木簡一つをとっても、処理判読から保存活用まで諸科学・技術の応援を得、総合しなければならない。宮都発掘と銘打ったこの書物の中に、従来の考古学の語らなかった科学・技術のもろもろが加えられていることを読者諸氏は理解されるであろう。

　最後に、本書が語ろうとしていることに、文化財に関する官民一致した支持支援の願いがある。過去の調査から今日に至るものを通じて、遺跡の保護がいかに困難なものか、文化財愛護が国家的規模で行なわれているというようなものの、国の歴史を資料として裏付ける遺跡の調査ないし保護が実際にはどれだけむずかしいことなのかを各所の実体を語ることによって説き、国民共有の財として正当なあり方を求めている、ともいえる。

（滝口　宏）

書評

安田喜憲 著
世界史のなかの縄文文化

雄山閣出版
A5判 298頁
3,800円

正直に言って，私は戸惑いと共感の入り混じった落ち着かない感情にとらわれた。その理由は後に記すことにして，まず本書の構成と内容を簡単に紹介しておこう。

　序　章　人類史的世界史
　第一章　縄文人のルーツ
　第二章　海洋的日本文明の原点
　第三章　縄文農耕論の世界史的位置づけをめぐって
　第四章　縄文文化崩壊の世界史的位置
　　　　　――エジプト文明とのアナロジー――
　終　章　縄文文化の人類史的意味

本書は，日本文化を森の文化，海洋的日本文明と規定することを基点にした，地理学的な文明論の書というべきであろう。したがって，序章は文明論のための方法論的序論であり，第一章～第四章が具体的事例分析による本論であり，終章が日本文明の未来への可能性を訴える結論にあたると見ることができよう。

序論では，本書の目的と方法そして抱負を述べる。著者の歴史と文明に対する思索の過程の中で，借物の西洋的歴史観によらず，日本的歴史意識による文明観・世界史像の創造への決意が語られる。その史観と方法は，生態史観であり，動態的環境論である。

本論では，日本的自然の特色を海洋的風土として捉え，ここに成立し現代にまで受け継がれた伝統を海洋的日本文明として位置づける。この原点は縄文文化の中に求められる訳だが，その前史として先土器時代の叙述がまず置かれる（第一章）。ついで多雪気候やブナ・ナラ林が象徴する海洋的風土の成立を背景に，東西二つの細石刃文化の差や縄文土器誕生の要因が語られる（第二章）。

さらに縄文農耕に南方系と北方系の二系統があり，それぞれが東アジア一帯にひろがる照葉樹林文化圏・ナラ林文化圏の一環として理解されるとする佐々木高明氏の立場への支持を表明する（第三章）。またエジプト文明も縄文文化と同じ頃の同じような地球規模の気候変動のもとに形成され崩壊したとする。エジプト文明と縄文文化との比較の中で，文明の興隆・崩壊の主要因を気候変動に求める比較文明論的試論が展開される（第四章）。

結論に至って，著者の文明観と歴史観にもとづいて，現代日本が世界に果すべき役割とその可能性を一気に語っている。現代の世界は核戦争という人類最大の危機に直面しているが，これは結局のところ，西洋的自然観に立脚する西洋文明の生み出したものである。森の文化を基層にもつ日本文明の相対主義，「自然を生かし，己をも生かす」という思想こそが，平和な未来社会のために，重要な役割を担いうるのではないかという。

本書の根底には，経済大国と言われるまでになった日本は，今こそ世界に向けて発言すべきだというような強い自負心がある。これは評者の素直に頷きえないところである。また些事に及ぶが，中部地方にあった二つの細石刃文化が，それぞれ多雪地帯のブナ・ナラの落葉広葉樹の森と寡雪地帯の亜高山・針葉樹の疎林を交じえる草原を基盤に成立していると説く件にも，事実はそれほど単純ではなかろうという疑念がわく。これらが冒頭に，戸惑いと記した理由である。

立論の根底と事実認識こそがまず問題にされねばならないということもたしかであろう。しかしここでは，これらにはあえて触れない。むしろ，著者の提示した方法が，万をもって数える人類の歴史過程と日本という地域を越えて，地球規模で人と自然のかかわりの歴史を，文明論にまで高めて射通す視点を有しているところに本書の真価があるとみたい。

ところで，ここで話をもう少し評者の身近な問題にひきもどしてみたい。このために，最近接した別の一文を引いておきたい。それは矢出川遺跡群の調査にあたって，「……その土地のことは，その土地で生まれ，その土地の生活を体験している人が一番よく知っているということを」専門研究の中に生かそうと述べている部分である（戸沢充則著『縄文人との対話』1987年，名著出版）。何げない一文であるが，これを生活者の目と呼んでみたい。

遺跡に立脚して遺物を見，人々の営みを土地に則して考えるといういわば生活者の視点は，安田氏が本書で示したような方法――これを地理学的・風土論的視点と呼んでおく――において，学問的方法に高めうるのではないだろうか。先土器時代の研究も自然科学の諸分野との学際的協同作業が日増しに盛んになっている。しかしそこにおける総合の枠組みは，いわば「第四紀学」的であって，諸学の雑居的性格が強いという印象をぬぐえない。私は諸学の統合の原理として，地理学的・風土論的視点こそが必要ではないかと思う。本書への共感の理由である。

（鈴木忠司）

書評

クリーブ・オルトン 著
小沢一雅・及川昭文 訳

数理考古学入門

雄山閣
A5判 302頁
4,000円

考古学研究は遺跡の発掘から始まる。発掘とは過去の人間の生活の痕跡が多様な形態をもって沈澱，堆積している遺跡堆積物を解剖すること，すなわちその外部形態や内部構造を観察し，記載することであり，それが考古学者の仕事である。

遺跡堆積物の解剖は近年著しく精緻さを増してきている。それは，考古学者の関心が多様化し，それに伴い遺跡の解剖に用いられる手法もまたさまざまなものが考案導入されているからである。さらに，解剖の対象となる遺物そのものについて，発掘中に見落される些細な痕跡が顕微鏡下で観察され採取されるに至って，解剖所見の質が多様化し，情報量が大幅に増大したことも一因となっている。

解剖例の増大と解剖法の多様化から，考古学の研究にこれまでには考えられなかった可能性が生まれてきている。例えば，大量に蓄積された個別的証拠をさまざまな角度から広範に活用して行なう総合的研究である。しかし，この総合的研究の実行にあたっては個別的証拠を適正に連結するという新たな科学的操作が必要となる。その一つの有効な方法として統計学や数学に基づいた研究が考えられる。

考古学データはすべて定性的，定量的という2つの側面をもっている。遺跡を発掘し，遺跡発見物の特徴を読み取って，それを書きとどめる段階では，情報は定性的であることが多いが，その定性的情報を定量的情報，すなわち数値データに改変して分析するという研究も可能である。考古学研究にあっては定性的記述は許されるが数値による記述では本質を表現できないとする見解もあるが，それは定性的記述とそれに基づく遂行が無理であるということに等しく，妥当ではない。

今日，統計学や数学を用いた数理的研究法はすでに軌道に乗り，数多くの優れた研究が日本を含めて各国で発表されている。これらの研究を通して私どもは考古学分野における種々の数理的研究法を知ることができる。ただ，統計学や数学に馴染みの薄かった研究者にとっては，数字や数式，あるいは数々の特殊な専門用語が使われている論文を読みこなすには多くの時間を要するし，ましてその研究を的確に理解し，評価して，自身の研究へ応用するなどその活用を試みることは容易ではないと思われる。このような状況下で本書（原著名：Mathematics in Archaeology）が邦訳出版されたことは，私ども日本の考古学者にとって極めて時宜を得ており，意義深い。本書は，数理考古学の入門書として数々の優れた特徴をもつが，とくに次の2点をとりあげ書評とする。

まず一つは，本書の内容が非常に理解し易いということである。従来の統計学，数学の専門書では使用されている事例が直接考古学を素材とするものではないため，それをいかにして考古学へ応用させるかを把握することが容易ではなかった。しかし，本書では説明の素材をすべて考古学の世界で起こる事象からとっているため，考古学と統計学あるいは数学の原理をどのように結び付ければよいか，一読して理解することができる。さらに，本書の中にはこれまでに発表された数理学的手法を用いた研究例が引用されており，それを説明するという形で考古学に対する統計学的，数学的アプローチの仕方を解説している。そこで，本書に引用されている原論文については，本書の解説を読み合わせることによって内容を的確に把握することが可能となる。それがひいては研究者が自己のフィールドにおいて同種の分析法を使って研究を試みる助けとなり，新たな研究の進展という可能性に通じるものと考えられる。

もう一つ特筆すべき点は，本書の訳者についてである。小沢・及川両氏は統計学者として出発したが，その知識，技術を日本考古学の分野に応用することを試み，その実践をもって数々の優れた成果を公表している研究者である。両氏は，この種の書物に起こりがちな難解な翻訳を回避し，簡明にして的確な文章をもって原著の内容を伝えることに成功している。

このように，原著の内容自体が考古学者にとって馴染み易いものであるという点に加え，邦訳された文章の平易さから，従来考古学者が研究に取り込み難かった統計学，数学が本書によってより身近なものとなっている。コンピュータを使用して複雑な計算が簡単に実行できるようになり，遺跡や遺物から引き出した定量的情報を統計学，数学を使って処理し，分析していく研究は今後ますます増加していくものと予想される。この種の研究法に関心をもつ研究者はいうまでもなく，数値をもって考古学を研究することに抵抗感をもつ研究者にも是非一度精読することをお勧めする。また，その内容からして本書が常備活用書として利用されることを期待するものである。　　　　　　　　　　　（赤澤　威）

論文展望

選定委員（敬称略・五十音順） 石野博信・岩崎卓也・坂詰秀一・永峯光一

御堂島正・砂田佳弘・長岡史起
石器使用痕分析の有効性
―ブラインド・テストによる検証―
古代文化　39巻5号
p. 16～p. 31

　実験的方法に基づく使用痕研究は，近年日本においても，その基礎資料を蓄積しつつある。筆者は黒曜石製石器の使用痕に関して240以上の実験を行ない，その結果，黒曜石にもフリントや頁岩同様，ポリッシュが形成されることを明らかにした。ポリッシュは，いくつかのタイプに分類され，それぞれのポリッシュ・タイプは厳密な対応関係はないものの，作業対象物とかなり高い相関を有すると考えられた。さらに線状痕，マイクロ・フレイキングなど他の使用痕とともに総合的に観察することにより石器の機能を推定できることが期待された（御堂島 1986）。

　実験的使用痕研究は，実験によって得られたデータを基礎資料として，実際の石器にみられる使用痕を解釈しようとするものであるが，考古学上の石器に適用する前に，使用痕と機能との関係がどの程度正しく理解され，どの程度の有効性を持つのかを何か独立した方法でチェックする必要がある。そのための一つの方法として，ブラインド・テストを砂田佳弘・長岡史起の協力を得て実施した。具体的には実験者（砂田・長岡）が，別の場所で黒曜石製石器を用いて先史時代を想定した作業を行ない，その後石器を受け取った分析者（御堂島）が使用痕分析を通して，行なわれた作業内容を推定しようとするものである。

　30個の石器によるテストの結果，石器の使用部位93.5％，使用（操作）法85.5％，作業対象物71.0

％の正解率を示した。このようにポリッシュを中心にした使用痕分析がある程度の有効性をもつことが示されたが，同時に問題点も明らかになった。それは作業量が少ない時には特徴的なポリッシュが現われないということと，異なる対象物でも同じポリッシュ・タイプを生じることがあるという点に関わっている。

（御堂島正）

菅谷通保
縄文時代特殊住居論批判
―「大形住居」研究の展開のために―
東京大学文学部考古学
研究室研究紀要　6号
p. 155～p. 166

　縄文時代の大規模な住居址については「特殊な施設」という観点から様々な機能が想定されて来たが，「特殊」とする前提自体が問題であろう。何故なら，ある「住居址」を「特殊」と考える以上，「通常の住居」と「特殊な住居」とが異なる"形態"であることを構造上の差に基づいて示さねば片手落ちと考えるからである。

　筆者は，炉や柱穴などの個別の機能を有機的に組み合わせて空間を構成する点を竪穴住居の形態的特徴と考え，炉を中心に主柱穴に囲まれた空間（<炉空間>と仮称）を中核的な居住空間として重視する観点から，住居形態の弁別と機能の推定を試みた。

　縄文時代の竪穴住居を検討すると，<炉空間>を1つだけ持つもの，複数の<炉空間>を持つもの，多数の炉を持つが<炉空間>を形成しないものという3つの異なったあり方（但し炉が不明確な例を除く）が認められる。<炉空間>に結集する人間が居住の上で1つの単位であるとの仮定から，これらを<単純単位形態>，<複合単

位形態>，<非単位形態>と呼んで，それぞれ最小単位の1集団を収容する施設，複数の最小単位集団を収容する施設，不特定多数に利用される共用的な施設であると推定した。さらに各形態には居住員の数，集団の数，利用した人間の数に応じて大小の差が生じると思われる。とくに<単純単位形態>では，規模によっては「小家族」以上の人数が最小単位の集団を構成していた場合も考えられよう。

　「大形住居」研究は，大きさのみに注目して上記3形態の相違を見落としたために，遺構自体の特徴から機能を考えることができずに出土遺物や分布を過大に評価する結果になったと推察する。

　付言すれば，「大形住居」以外の「特殊な住居」を想定する研究についても，「一般の住居」との"形態の相違"が問われるべきであろう。共通する問題は少なくないと考える。

（菅谷通保）

須藤隆
東日本における弥生文化の受容
考古学雑誌　73巻1号
p. 1～p. 42

　東日本では縄文晩期後半に，土器型式に著しい変化がみられ，ことに晩期5期に装飾体系が大きく変化する。東北地方中部や北部の亀ヶ岡式土器の主要な分布圏では「工字文」が出現し，東北南部，関東，中部，東海地方ではこの時期に千網式，氷I式などの「浮線文土器群」が成立する。これらの土器群は相互に緊密な関連を有しこの緊密な交流ルートを基盤として，晩期最終末の6期，あるいはその直後に西日本の前期弥生文化が東日本に受容される。

　近年，東北地方の各地で「遠賀

川式土器」あるいはそれと類似した土器が出土しており，この土器は「遠賀川系土器」とよばれている。そしてこの遠賀川系土器の内容，その分布，亀ヶ岡式土器との共伴関係から，東北地方では晩期直後の「砂沢式期」に，近畿地方第Ⅰ様式中段階の前期弥生文化が受容されたことが明らかになった。これまでの定説では，東日本の弥生文化は中期になって成立し，東北地方北部では後期になって受容されたと考えられてきた。しかしこの伝播論，編年観はその根拠を失った。さらに東日本の前期弥生文化は，土器の器種構成，技術などのあり方をみると，東北地方北部，日本海側と東北地方の太平洋側，関東地方，そして中部，東海地方とではその展開の仕方に違いがみられる。前者では受動的で急速な，そして比較的一様な変化をみせている。他方，後者ではそれぞれの地域の先史社会の主体性が強く現われ，比較的漸移的な変化をみせ，それぞれの地域で明瞭な地域色をもった弥生土器が成立したことが指摘される。

晩期直後の砂沢式期，青木畑式期，さらに山王Ⅲ層式期に，東北地方においてすでに西日本から前期弥生文化が受容され，稲作農耕が行なわれていたことはほぼ確実となった。今後砂沢式期の水田跡が東北地方の各地で検出されることが期待される。　　（須藤　隆）

高島英之
平城宮・京跡出土の物品付札について
青山考古　5 号
p.56～p.83

物品付札とは，宮内などで物品の整理・保管のために付けられた木札で，物品の品目や数量を表わすものである。記載内容からみれば，特定の意味を有するものではなく，これまでは全く等閑に付されてきた。しかしそれらの出土状況・形状・書式・作成段階・機能などについて検討してみることは，木簡の史料学的研究の上で看過することのできない課題であろうし，また宮内における物品の保管・供給・消費の諸状況を解明する上での手掛りともなろう。小稿は資料的に最も豊富であり宮域内における宮殿・官衙の実態の解明も進展している平城宮・京跡出土の物品付札 164 点について，物品付札そのものに関する基礎的な検討を試みたものである。

まず，形態では 032 型式が最も主流で，051 型式がそれに次ぎ，概して小型のものが多いということが特徴としてあげられる。このような傾向は貢進物付札とはかなり異なるものである。なお，051 型式の付札のほとんどを水産物・水産加工品の付札が占め，しかもその整形の仕方や法量など全体的に共通した要素が見られることと，それらの出土状況とから，物品付札の作成が保管官司の段階でなされていたことを想定しえた。つぎに，書式では「物品名＋数量」が基本形で，数量を略すものや地名・人名・年月日などを書き添えるものも存在していることが指摘できる。さらに，機能については貢進物付札との関連が問題となる。すでに指摘されているように保管官司内においては貢進物付札も物品付札と同じ役割を果していたわけであり，それに対して保管官司で物品付札が新たに作成・添付されたことに如何なる意義があったのかという点についてである。私はそれを保管官司における特定の種類の物品の整理作業に関わるものと考えたが，なお未解決な点もあり，この点に関しては問題提起にとどまった。（高島英之）

松井　章
養老厩牧令の考古学的考察
—斃れ馬牛の処理をめぐって—
信濃　39 巻 4 号
p.231～p.256

筆者は平城京，大阪府城山遺跡などの古代遺跡から出土した牛馬の遺存体を分析し，多くの胴体，四肢が解体され，頭部が破損していることに注目した。これは，当時の人々が馬や牛が死んだとき，死体を解体し肉を取ったこと，頭部を丁寧に割って脳髄を取り出したことを物語るものである。その用途について，従来の遺跡からの出土例の再検討を行ない，さらに文献資料，民族学資料を援用し，古代には従来考えられていた以上に肉食の伝統が残り，斃れ馬牛の皮が広範囲に利用されていたこと，さらにウマの脳が皮鞣しのために使われていたことを指摘した。

とくに『養老厩牧令』のなかの以下に要約した，公の馬牛の死に関する規定が，重要な鍵を握ることを論じた。

①馬が死んだ場合，皮と脳を取る。②牛が死んだ場合，皮と角，胆嚢を取る。③牛の胆石を得た場合，別に納める。④駅馬，伝馬として使用中，よその土地で死んだ場合，現地の役所が皮と肉を売り，代金をもとの役所に納める。

これらの規定をもとに，その他の文献資料で検討すると，古代の公機関においても肉食が常識的であったことがほぼ明らかにできた。馬の脳の利用については，民族学的にみて，北ユーラシア，とくにツングース系諸民族に，脳を皮鞣しの鞣し剤としての利用が見られること，『延喜式』内蔵令式造皮の功に「鹿皮一張。長四尺五寸，広三尺。除毛曝涼一人，除膚宍浸釈一人，削暴和脳磋乾一人半。」という規定があり，鹿皮を鞣すのに脳が使われていることから，馬の脳も鞣し剤として使われた可能性が強いことを指摘した。今後，古代から中・近世にかけての動物遺存体の出土例を，筆者が行なったような方法で各地で分析し，動物利用の変遷を明らかにすることによっても，考古学は歴史学の中に独自の位置を占めることが出来るだろう。　　（松井　章）

文献解題

岡本桂典編

◆ママチ遺跡 III―北海道埋蔵文化財センター調査報告書第36集 北海道埋蔵文化財センター刊 1987年3月 A4判 447頁

千歳市東部の沖積地を流れるママチ川の右岸に位置する遺跡。住居跡は，縄文中～後期2軒・晩期2軒・擦文4軒，土壙墓35基・土坑1,234基・焼土177カ所が検出され，315,099点の遺物を出土している。土製仮面など，北アジア的様相が認められる。

◆小梁川遺跡―宮城県文化財調査報告書第122集 宮城県教育委員会刊 1987年3月 B5判 476頁

宮城県刈田郡七ヶ宿町を流れる白石川と小梁川によって形成された河岸段丘上に立地している。縄文時代早期から中期における竪穴住居跡35軒・焼土面を囲むピット群6基・フラスコ状土壙197基・埋設土器遺構30基・墓坑8基・溝状土坑40基・土坑500基以上・遺物包含層2ヵ所が確認されている。遺物は大木6式～大木8b式の土器多数と少量の早期～前期後葉土器のほか，石鏃の製作にかかわる接合資料が検出されている。

◆中村遺跡 中村遺跡調査団刊 1987年3月 B5判 524頁

神奈川県相模原市の東縁部，境川の南西に位置する。先土器時代の包含地と，鬼高期の集落・平安時代の集落・中世～近世初頭の道跡と村落跡などが検出されている。先土器時代の遺物は6千数百点にのぼり6枚の文化層が確認された。そのうち第II文化層は細石刃石器群，第III文化層は尖頭器石器群，第IVおよび第V文化層はナイフ形器の石器群である。中世の遺物としては舶載青磁片1点，かわらけ2点と48点の渡来銭が，近世の遺物としては陶磁器・砥石などが検出されている。

◆中央自動車道長野線埋蔵文化財発掘調査報告書 1 長野県埋蔵文化財センター刊 1987年3月 A4判 449頁

中央自動車道建設にかかわる岡谷市内の遺跡の調査報告。縄文時代の土坑群と奈良時代の墳墓が検出された大久保B遺跡。縄文時代の土壙と焼土跡，弥生時代の住居跡と縄文時代～平安時代にかけての遺物が検出された下り林遺跡。縄文時代の住居跡と土壙・弥生時代の炉跡が確認された西林A遺跡のほか，大洞遺跡（縄文前期～平安初頭），白山遺跡（縄文～近世），膳棚B遺跡（縄文～弥生），中島A遺跡（縄文～近世）などの調査報告がされている。

◆黒谷川郡頭遺跡II―昭和60年度発掘調査概報 徳島県教育委員会刊 1987年3月 B5判 157頁

徳島県の北西部を流れる旧吉野川左岸沖積低地に立地する遺跡。弥生時代後期後半から古墳時代初頭にかけての環溝状溝2条・住居跡4棟・井戸状遺構1基・掘立柱建物跡2棟・溝・土坑などが検出されている。遺物は黒谷川I～III式の土器群・朱付着土器・石臼・石杵・刀子・鉄鏃が出土している。

◆伊予国分尼寺―埋蔵文化財調査報告書第20集― 愛媛県考古学協会刊 1987年3月 B5判 167頁

愛媛県今治市を流れる頓田川の支流，大川などの小河川によって形成された沖積地に位置する寺跡。検出された遺構は古墳時代の竪穴住居跡1基・建造物跡19棟・奈良時代の溝状遺構2条・土坑8基である。遺物は縄文時代後期前半の土器・古墳～奈良時代にかけての須恵器・単弁八葉蓮華文鐙瓦・均整唐草文字瓦などが検出されている。創建時の伽藍の廃絶時期は平安時代初頭と推定される。

◆撰分遺跡―九州横断自動車道関係埋蔵文化財発掘調査報告書（7） 佐賀県教育委員会刊 1987年3月 B5判 308頁

佐賀県の中央部，多久市に所在する山の上古墳群・中村谷遺跡・出口A遺跡・西出口遺跡・鴻ノ巣遺跡・原田遺跡・今出川A・B遺跡・大土田古墳群・十井手遺跡・撰分遺跡の報告。山の上古墳群では古墳時代後期の古墳14基，中村谷遺跡では7世紀後半の古墳1基，大土田古墳群では6世紀後半の古墳3基，鴻ノ巣遺跡は5世紀末～6世紀後半の古墳3基・弥生時代後期の住居跡7基が検出されている。出口遺跡は弥生時代の土坑1基，出口A遺跡は古墳時代前期の住居跡・掘立柱建物跡が検出されている。撰分遺跡は旧石器～江戸時代の遺跡で江戸時代の多量の陶磁器の出土は注目される。

◆北方文化研究 第18号 北海道大学文学部附属北方文化研究施設 1987年6月 B5判 300頁
沙流川流域アイヌに関する歴史的資料の文化人類学的分析：C.1300―1867年……煎本 孝

◆唐澤考古 第7号 唐沢考古会 1987年4月 B5判 84頁
器種分化波及の一例……津野 仁
栃木県出土の墨書土器と遺跡……仲山英樹
安楽寺南から採集した瓦片について……三関浩司
佐野市寺久保町大平所在の塚群について……上野川 勝
日本列島への細石刃文化伝播に関するノート……出居 博
栃木県小川町地内出土の注口土器をめぐって……芹澤清八
栃木県栗野町久分遺跡群出土の独鈷石について……茂木克美
栃木県佐野市出土の鬼面文軒丸瓦について―大日堂廃寺と堀の内遺跡を中心に……青村光夫

◆国立歴史民俗博物館研究報告 第12集 国立歴史民俗博物館 1987年3月 B5判 342頁
銅鐸のまつり……春成秀爾
中世陶器の生産経営形態―能登・珠洲窯を中心に……吉岡康暢

◆考古学雑誌 第72巻第4号 日

本考古学会　1987年3月　B5判
152頁
殿山技法と国府型ナイフ形石器
　　　　　　　　　　……織笠　昭
東北北部における亀ヶ岡土器の終
　末…………………工藤竹久
エジプト・アル＝フスタート遺跡
　の発掘調査（第7次）その二
　（北地区・西地区）
　　……桜井清彦・川床睦夫
滋賀県松原内湖遺跡出土の箆状木
　製品…………………細川修平
京都府正垣遺跡出土の弥生時代木
　製琴…………………竹原一彦
南方釜田遺跡出土の古墳時代琴
…乗岡　実・武田恭彰・草原孝典
甲斐銚子塚古墳出土の壺形埴輪
　　　　　　　　　　……坂本美夫

◆考古学雑誌　第73巻第1号
1987年5月　B5判　128頁
東日本における弥生文化の受容
　　　　　　　　　　……須藤　隆
畿内大型前方後円墳の築造企画と
　尺度…………………西村　淳
秋田県東成瀬村上掵遺跡出土の大
　型磨製石斧……………庄内昭男
姫路市奥山大塚古墳出土の呉代の
　仏像夔鳳鏡とその「同笵鏡」を
　めぐって………………西田守夫
大聖寺藩上屋敷と『古九谷』―東
　京大学医学部附属病院中央診療
　棟第I期建設地点の調査より―
　…東京大学遺跡調査室病院班・
　　　　　　　　　　　山崎一雄
◆皇學館論叢　第20巻第2号　皇
學館大學人文學會　1987年4月
A5判　63頁
稲荷山鉄剣銘におけるヲワケの出
　自と系譜の基礎的検討（三）
　　　　　　　　……中川敬司
◆物質文化　第48号　物質文化研
究会　1987年3月　B5判　84頁
先史時代環東中国海諸地域におけ
　る骨角牙製漁撈具……雨宮瑞生
撚糸文系土器終末期の諸問題（II）
　　　　　　　　　　……原田昌幸
中世城館の発生と展開…中井　均
群倉考………………胡桃沢勘司
◆品川歴史館紀要　第2号　品川
区立品川歴史館　1987年3月　A
5判　98頁
大森貝塚出土の安行3式後半の土

器群について（その一）
　　　　　　　　　　……谷口　榮
◆横須賀市博物館研究報告（人文
科学）　横須賀市人文博物館
1986年12月　B5判　77頁
弥生時代中期に於ける磨製石斧生
　産の意義………………高村公之
古代相模国における竪穴住居の変
　遷について（II）……大塚真弘
高坂貝塚の研究（II）
　………劔持輝久・野内秀明
◆信濃　第39巻第4号　信濃史学
会　1987年4月　A5判　96頁
養老厩牧令の考古学的考察―斃れ
　馬牛の処理をめぐって―
　　　　　　　　　　……松井　章
尾張型須恵器の提唱……岩崎直也
松本平における平安時代の食膳具
　―変化とその背景の予察―
　　　　　　　　　　……原　明芳
伊那谷における子持勾玉四例
　　　　　　　　　　……桜井弘人
長野市上松地附山古墳の測量調査
　　　　　　　……西田正規・東　憲章
長野市小田切馬神古墳の測量調査
　　　　　　　……西田正規・東　憲章
長野市田野口大塚古墳の測量調査
　　　　　……山田昌久・矢中　隆
◆信濃　第39巻第5号　1987年5
月　A5判　96頁
長野県南安曇郡穂高町所在魏磯城
　窟古墳について
…三木　弘・寺島俊郎・西山克己
◆朝倉氏遺跡資料館紀要　1986
朝倉氏遺跡資料館　1987年3月
B5判　46頁
一乗谷朝倉氏遺跡出土人骨につい
　て
一乗谷朝倉史跡の見学利用に関す
　る調査研究
漆椀・皿に関する二，三の問題
◆歴史と構造―文化人類学的研究
第15号　南山大学大学院文化人類
学研究室　1987年3月　B5判
111頁
日本の初期稲作農耕における問題
　点………………………杉浦裕幸
洛東江水系一帯古墳群分類に基づ
　く伽耶史再構成に関する一試案
　　　　　　　　　　……木村光一
蓋形埴輪の製作技法について
　　　　　　　　　　……市原芳則

◆古代文化　第39巻第4号　古代
学協会　1987年4月　B5判　48頁
敷石住居終焉のもつ意味（4）
　　　　　　　　　　……山本暉久
先土器時代における移動と遺跡形
　成に関する一考察……栗島義明
◆古代文化　第39巻第5号　1987
年5月　B5判　50頁
石器使用痕分析の有効性―ブライ
　ンド・テストによる検証
…御堂島正・砂田佳弘・長岡史起
◆古代文化　第39巻第6号　1987
年6月　B5判　50頁
転換期の考古学―トムセン『北方
　古代学入門』150年を記念して
　　　　　　　　　　……角田文衞
奈良県御杖村長尾遺跡出土の縄文
　時代遺物………………松田真一
◆考古学研究　第33巻第4号　考
古学研究会　1987年3月　A5判
138頁
縄文後晩期の刀剣形石製品の研究
　（下）…………………後藤信祐
陶棺の研究………………杉山尚人
伊豆諸島からみた律令体制の地域
　的展開―堝形土器を中心とし
　て―……………………橋口尚武
考古学史料による時代区分―その
　前提的作業―…………勅使河原彰
遺跡の保存と活用………黒崎　直
人類進化図二題…………河合信和
活況を呈するヴェトナム考古学界
　　　　　　　　　　……菊池誠一
ナカンダ浜保存問題経過報告
　　　　　　　　　　……丹羽佑一
松江市古曾志大谷1号墳問題のそ
　の後の経過……………東森市良
◆考古学研究　第34巻第1号
1987年6月　A5判　138頁
竪穴式石室の研究―使用石材の分
　析を中心に（上）………宇垣匡雄
丹後・加悦谷における古墳の変遷
　　　　　　　　　　……細川修平
翼状剝片の構造的矛盾…織笠　昭
土偶の用法について……磯前順一
集落論ノート―南九州の縄文晩期
　集落から………………北郷泰道
池上曾根遺跡をめぐる情勢と当面
　の課題……泉州の自然と文化財
　を守る連絡事務局ナカンダ浜保
　存問題経過報告―その2
　　　　　　　　　　……丹羽佑一

学界動向

「季刊 考古学」編集部編

九州地方

古墳時代の大集落跡 宮崎県児湯郡新富町日置にある上園遺跡で5～6世紀の大規模な集落跡が発見された。上園遺跡は標高70mの台地上にあり，広さは約3万m²。これまでに206軒の竪穴住居跡が発見されたが，調査を担当している新富町教育委員会では最終的には1,000軒近くになるものと推定している。住居跡は平均的なものが一辺5mの方形プランで最大は8m。勾玉や鉄鏃，土師器・須恵器の壺・甕・高坏など出土品も多い。なお，時期や地理的にみて，隣接する円墳・横穴墓で構成された富田古墳群との関係が深い集落とみられている。また地下式横穴墓も発見されており，その北限地としても注目される。

豊後国分尼寺を示す墨書土器 大分市国分字宮ノ後の豊後国分寺跡で大分市教育委員会による発掘調査が行なわれ，「尼寺」「天長九」などの文字が書かれた墨書土器5点がみつかった。これは昭和59年から60年にかけて国分寺跡の北西隣接地から出土した土器を整理中に確認されたもので，土師器5点の外底面から「尼 尼寺 天長九」「尼寺」のほか，「東」「淵」などの文字が読みとれた。「天長九」は平安時代初期の天長九年（832）とみられる。また「尼寺」の文字からこれまで不明だった国分尼寺の位置確認に大きな手がかりを与えるものと期待されている。

佐賀県から初の横穴墓 佐賀県神埼郡神埼町的の花浦古墳群で神埼町教育委員会による発掘調査が行なわれ，6世紀末から7世紀にかけての横穴墓3基が発見された。花浦古墳群では直径10m前後の小円墳が多数みつかっているが，横穴墓はこれら古墳群の下約10mの急斜面から偶然みつかっ

た。花崗岩をくり抜いたもので，幅約20mの範囲に南向きに並んでいる。石室はともに幅2m前後，奥行2～2.5m，高さ1.2m前後で，羨門，前庭部，墓道などもほぼ原形をとどめていた。1号墳から8体，2号墳から5体分の人骨がみつかったほか，須恵器，土師器，馬具，耳環などが出土し，とくに人骨は親子関係をはじめとした家族構成が知られる貴重なもの。

パスパ文字の元銭 福岡市教育委員会が発掘調査を進めている市内博多区上呉服町の中世の遺跡・博多遺跡群（35次調査地点）でわが国では初めての出土例であるパスパ文字の銅銭が発見された。パスパ文字は元（1271～1368）の公用文字で，その資料としては日本では長崎県鷹島でみつかった「管軍総把印」があるだけ。この銅銭はパスパ文字で「大元通宝」と鋳出され，直径4.18cm，重さ21.6gあり，やはり元銭の「至元通宝」（通例の一文銭）に比べて約6倍の重さがあり，10倍の価値で通用していた。ともに武宗の至大2年（1309）に鋳造されている。今回15世紀前後の商家とみられる遺構の柱穴からみつかったが，「大元通宝」は韓国新安沖の海底で発見された，元から博多向けの沈没船からもみつかっており，民間では日元間でかなり交流が盛んだったことが裏づけられた。

中国地方

竪穴の床から小銅鐸 倉敷市矢部の足守川矢部南向遺跡で，弥生時代後期後半の竪穴住居跡の床面下から小銅鐸が発見された。岡山県古代吉備文化財センターが調査を進めているもので，約50軒検出された竪穴住居跡のうちの1軒から出土したもの。今回出土の小銅鐸は高さ6.72cm，底部幅3.8

cmで，2個1対の長方形の型持孔があり，鋳くずれがあるものの遺存状態は比較的良好。小銅鐸は全国で20数例発見されているが，岡山県からの出土は2例目。

石室3基をもつ前方後円墳 米子市教育委員会が発掘を進めている米子市石州府の石州府古墳群で，全長26m，高さ1.6mの56号墳（前方後円墳）から横穴式石室3基が発見された。石室は南を向いて東西にほぼ等間隔で並んでいた。6世紀後半から7世紀初頭に築造されたとみられ，須恵器や刀子，鉄鏃などが出土した。また直径33mの5号墳からは鏡板，鞍金具，鐙，前輪など金銅製の馬具が出土し，併せて須恵器や刀片，玉類も発見された。石州府古墳群ではすでに60基の古墳が発掘されており，古墳群の東約300mには7世紀中葉の集落跡もみつかっている。

鳥取市から墳丘墓2基 津ノ井ニュータウンの建設に伴って鳥取市遺跡調査団（田村一三団長）が発掘調査を進めている鳥取市紙子谷の紙子谷（かごだに）遺跡で，弥生時代後期後半の墳丘墓が発見された。標高56mの丘陵上に位置するもので，1号墓は24m×14m，高さ1.2mで，県内の他の墳丘墓より一回り大きい。また土壙は2基の墳丘墓から合計36基みつかっているが，最大のもので長さ5.2m，幅2m，深さ1m以上あり，当時の墓としては立派なもの。また1号墓の5号墓壙には掘削時のものとみられる幅4cmの鉄製工具の跡が残っていた。さらに出土品として高さ27cmの脚付壺を含む土器数十点とガラス管玉16点が発見された。

近畿地方

阿武山古墳の被葬者は鎌足か？ 昭和9年京都大学考古学教室によ

って発掘された後埋め戻された大阪府高槻市奈佐原の国指定史跡・阿武山古墳について，コンピュータ解析などを行なっていた阿武山古墳X線写真研究会（代表・小野山節京都大学教授）は先ごろ金糸を使った冠などの複製品を公表した。また遺骨のX線写真の再鑑定で，被葬者は従来の見解より若い50代と推定された。冠は当時の冠位制の最高位で藤原鎌足に与えられた「大織冠」に当たる可能性が高いこと，また年齢が鎌足の死亡年齢56歳とも近いことから，研究会としての統一見解は出なかったものの被葬者は鎌足である可能性が一段と強くなった。今回の調査は昭和9年に撮影したX線写真の原板がみつかったことから画像処理し，立体的な形で棺内の遺体周辺（金糸とガラス玉約500点，布片などが残存）を再現した。その結果，金糸は計67本，長さにして100m近くもあり，冠（幅約30cm，高さ約40cm）のような円錐形に近い染織品を飾っていたことがわかった。その下部周辺には単弁四菱の花模様など刺繍模様が20近く並んでいたらしい。またガラス玉は大小約500点が1本の銀線（長さ約8m）で組み上げられており，精巧な作りの玉枕と推定された。さらに被葬者の身長は当初の推定どおり164.6cmで，胸椎骨折が認められることから落馬によるケガの可能性もある。

六角形の竪穴式住居跡　大阪府枚方市星丘2の星ケ丘西遺跡で弥生時代後期から古墳時代前期にかけての六角形をなす竪穴式住居跡が発見された。（財）枚方市文化財研究調査会が調査を進めた結果，弥生時代中期から古墳時代前期にかけての竪穴式住居跡17棟と弥生土器，石包丁などが出土した。六角形の住居跡の一辺は約5〜5.3m，南端の一辺は壊されてい

るが，ほぼ正六角形をなす。周囲には幅30cmの溝を巡らし，直径20cmの柱穴6基が確認された。中央には直径1mの炉跡もある。畿内では同じ枚方市の山之上天堂遺跡についで2例目。

瓦塚古墳は礫槨構造　京都府宇治市五ケ庄にある瓦塚古墳で宇治市教育委員会による発掘調査が行なわれ，第1主体部は木棺を河原石で覆った礫槨構造をなすことがわかった。同墳は円墳で，田んぼの中にあり，直径30m，高さ2m。墳頂部に上下2段に重なった木棺の跡がある。上部の棺跡（第2主体部）には赤色顔料が残っていた。第1主体部の棺を覆う石は1,000個を越え，その大きさは長さ4.4m，幅1.2m，厚さ50cmに達していたと推定される。第2主体部には鉄鏃40数本と小刀3本が副葬されていた。また第1主体部からは朝鮮半島より輸入された金製と銀製の金具各1点と石製やガラス製の玉が200点以上，そして馬具が出土した。金具は姫路市宮山古墳に類例があり，わが国では珍しいもの。また，ガラス玉は2色のガラスを巻きつけたものも含まれている。同墳は宇治二子山古墳（円墳）と五ケ庄二子塚古墳（前方後円墳）の間を埋める5世紀末の宇治川東岸一帯を支配した豪族の墓と推定される。

方形周溝墓から仿製鏡　長岡京市埋蔵文化財センターが同市馬場図所1の馬場遺跡で行なっていた発掘調査で方形周溝墓3基の中の1基から小型の仿製鏡片が発見された。周溝墓は一辺が約10mあり，幅2.5〜3.0mの溝が巡るもので弥生時代末期から古墳時代初頭にかけての庄内式期にあたるもの。鏡は長さ約3mの針葉樹製の木棺の痕跡があり，棺の中に副葬品として納められていたらしい。青銅製で直径7cm，全体の約2/5

が欠けているが，櫛歯文や重圏文・珠文などがはっきり認められ，また欠けた端部が摩耗しているところからもともと割れたものを副葬したとみられる。同時期に鏡が副葬品として用いられたのは近畿地方では極めて珍しい。

縄文後期の大集落　三重県度会郡度会町上久具の森添遺跡で度会町遺跡調査会による発掘調査が行なわれ，縄文時代後・晩期を中心とする西日本でも最大規模の集落跡であることがわかった。現場は宮川の右岸にあたり，地表から岩盤まで24枚の地層が認められる。縄文時代中期前半から晩期へかけての竪穴住居跡11軒と墓地と推定される配石遺構4カ所，焼土多数が発見され，土器・石器などはコンテナ箱に600個以上になる。土器は東北，関東，中部，北陸地方などの特徴をもつものが多数含まれ，東西交流の跡がみられる。また石器は石鏃，石斧，敲石などのほか，御物石器や石冠，石剣，石棒など祭祀遺物が目立つ。そのほかに赤色顔料が塗彩された土器多数や土偶，土製耳飾，硬玉製玉類などもみつかった。

─────中部地方

陶硯に文字　愛知県知多郡武豊町の中田池古窯跡（中世）から発見された陶硯を鑑定した結果，裏面に年号を含む28文字が刻まれていることがわかった。硯は縦14.9cm，幅9.7cm，厚さ2.3cmの長方形で，文字は「南无文殊師利菩薩，智慧聡也，正圓园年正月二十七日，沙弥尾恨相圕　花押」とあり，正見は「正元」の当て字とみられる。ただし正元元年には正月がないため正元2年（1260）と解釈されている。また最後の行にある「沙弥」から，修行中の僧である尾張の相馬という人物が記入者であろうとみられている。硯

113

学界動向

は平安時代にそれまでの陶製から石製に変わり，13世紀は石硯が中心となる。今回出土した硯はこの石硯をそっくり陶器で似せて作ったもので，年代を示す遺物としてきわめて貴重なもの。

神社名記す墨書土器　富山県小矢部市桜町中出の桜町遺跡で小矢部市教育委員会による発掘調査が行なわれ，「長岡神社」「禰宜」「大社祝」「大祝」「真茂」など，式内社や神職名，神官名などを記した墨書土器が約30点もみつかった。同遺跡は縄文，弥生後期，古墳時代から近世に至る複合遺跡で，昭和55年から開始された発掘調査で7〜9世紀を中心とした100棟を超える掘立柱式建物跡，須恵器，土師器，銅銭，円面硯，土馬などが出土している。墨書土器は長さ30m，幅2mの溝の中から出土したもので，直径12cm前後の食器類とみられる。土器に書かれた長岡神社は『延喜式』に井波町の高瀬神社とともに越中国砺波郡七座の1つとして記載されており，桜町付近に長岡神社があったか，あるいは同神社の神官がこの地に住んでいたものと思われる。

──────────関東地方

平安時代の水田跡　平塚市遺跡調査会（日野一郎会長）が調査を進めている同市大原の市総合公園第2期工事敷地内（大原遺跡）で平安時代の水田遺構が発見された。地形的には砂丘間の凹地にあたっていて，南北30m，東西80mの範囲に排水路や用水路，暗渠などが一定の方向で確認されたが，畔がみつからないため水田1枚の大きさは不明。さらにこの水田の南側の砂丘頂部からは弥生時代中期（宮の台期）の土壙がみつかり，副葬品の土器が出土した。また付近からは弥生時代から古墳時代にかけての竪穴住居跡37軒，平安

時代の竪穴住居跡3軒が発見され，一帯の砂丘域に遺跡が広がっていたことがわかった。

古墳〜江戸時代の遺跡　埼玉県埋蔵文化財調査事業団が住宅・都市整備公団の土地区画整理事業に伴って坂戸市竹ノ内の稲荷前遺跡で行なっている発掘調査で，古墳時代から江戸時代にわたる住居跡約350軒と方形周溝墓35基，掘立柱建物跡7棟，井戸跡30カ所などが発見された。この遺跡の中心になっているのは古墳時代から平安時代にかけての遺構・遺物で，中でも方形周溝墓は溝がぐるりと回るものや四隅が切れているものなどさまざまな形が混在している。また奈良時代の住居跡から円面硯や獣脚付短頸壺，巡方の一部などが出土したことから，位をもった役人が住んでいたのではないかと推定されている。

弥生中期の再葬墓　埼玉県熊谷市西別府字横間栗の市立衛生センター拡張工事に伴う横間栗遺跡の第2次調査が熊谷市教育委員会によって行なわれ，弥生時代中期初頭の再葬墓13基がみつかった。再葬墓に使われた壺は26点，甕2点，鉢2点で，1つの土壙に壺4点が入っているものもあった。復元可能な4点はほぼ同じ大きさで高さ約70cm，直径約30cm。人骨が残っているものもあり，また壺の中にさらに小さな壺が納まっているものもあった。ほかに砥石や管玉も発見された。壺などの埋納によって明らかに再葬墓と考えられる土壙以外にも79基の土壙が発見されているが，人骨片の出土から再葬墓の可能性がある。

──────────東北地方

胞衣壺から和銅開珎　須賀川市教育委員会が昭和60年から調査を続けている同市中宿のうまや遺跡で，竪穴住居跡2軒から和銅開珎

の入った胞衣壺とみられる須恵器2点が発見された。うまや遺跡は奈良時代から平安時代にかけての遺跡で，これまで46棟の竪穴住居跡がみつかっている。須恵器杯の中に和銅開珎が2枚と6枚入っており，墨の痕跡もあることから，当時の人たちが子供の成長を願って貨幣や墨，筆，胞衣などを入れて埋めた胞衣習俗の可能性が強いとみられている。また2軒の住居跡の間から和銅開珎4枚がやはり須恵器の破片とともに出土した。うまや遺跡の約500m西には国指定史跡の上人壇廃寺があるが，同遺跡が石背国の国府と推定されることから，国府の役人の住居跡である可能性もある。

廂つきの建物跡　仙台市教育委員会が調査を続けている仙台市の郡山遺跡で，方四町官衙域東南の外から多数の掘立柱建物跡や竪穴住居跡に混じって四方に廂がついた建物跡がみつかった。現場は428m四方の官衙域から180mほど南に離れた所で，付属寺院の寺域隣接地。7世紀末から8世紀初めごろの掘立柱建物群13棟，竪穴住居跡18棟がみつかった。とくに四面廂つき建物跡は東西9.8m，南北6.4mと小規模ではあるが，政庁の正殿など重要な建物にしかみられない様式であるため，また多数の土器が出土していることから当時の高級官僚の住居か寺院の厨である可能性が強い。建物跡や住居跡の下から多数の弥生土器や縄文土器も出土し，古くから人々が生活していたこともわかった。

縄文晩期のカメ棺墓13基　最上白川の川岸段丘上に位置するげんだい遺跡（山形県最上郡最上町法田）で山形県教育委員会による発掘調査が行なわれ，縄文時代中期から晩期の住居跡などが発見された。調査は最上白川に対して垂直線上に並ぶ3地点を川に近い方か

らA，B，C区として行なわれた。その結果，A・B区からは主として縄文時代後期末から晩期にかけての住居跡，土器，土偶，石剣，ほかに弥生時代前期の土器など，C区からは縄文時代中期末の住居跡，土器などがみつかった。またB区では縄文時代晩期のカメ棺墓13基が集中して発見されたがこれだけまとまって発見されたのは県内でも珍しい。

大型住居跡28軒が集中　東北横断自動車道秋田線の建設に伴い秋田県埋蔵文化財センターが発掘調査を行なっていた秋田県仙北郡協和町中淀川の上ノ山（うえのやま）II遺跡で竪穴住居跡63軒，土壙117基などが発見されたが，住居跡のうち28軒は長さ10mを越える楕円形の大型住居だった。遺跡には大規模な広場があり，その中央には約30個の石でつくられた配石遺構がある。この配石遺構を中心に大型住居9軒が放射状に配置されていた。他の住居と異なり，長期にわたって人が住んでいた形跡はなかった。単なる集落跡でなく祭祀的色彩が強い遺跡とみられる。なおほとんど出土品のない広場内からは北関東の興津式土器に類する土器1点のみ出土した。

払田柵跡から内郭東門　秋田県仙北郡仙北町にある国指定史跡・払田柵跡で秋田県払田柵跡調査事務所による第68次調査が行なわれ，これまで不明だった内郭東門の位置が確認された。検出されたのは桁行3間，梁行2間，掘立柱による八脚門で，柱の太さは直径30～50cm，何回か建て直された跡がある。この門の大きさは東西が約10m，南北約7mと推定され，すでに確認されている南北の門と構造・規模ともほぼ同じ。しかも南北の門と同じく，築地土塀が八の字形に15m前後，内側に入ったところに門が作られている。そのほか墨書土器片も発見された。

——————北海道地方——————

縄文後期の集落　亀田郡戸井町釜谷の釜谷2遺跡で戸井町教育委員会による発掘調査が行なわれ，縄文時代中期初頭～後期後半にかけての住居跡や多くの遺物が発見された。竪穴住居跡は29軒で，うち4軒は中期，25軒は後期。炉も石組炉と地床炉の2種類があり，住居床面には遺物が散らばっていた。このほか遺構としては貯蔵用とみられる中期の土壙1基や同期のおとし穴43基などが出土した。後期住居跡の炉近くの床面からは真黒に炭化したソバなどの種子数十粒がまとまって出土した。斜面を利用してソバを中心とした農耕が営まれていた可能性が強い。そのほかベニガラを塗った長頸壺や石刀，風除石など遺物は1万点以上にのぼった。その後，竪穴住居跡の1軒から縄文中期末～後期初頭の人面狩猟文土器片が発見された。人面は正面を向いた顔で，口・鼻もはっきりわかる。弓の一部も描かれていて，津軽と北海道南部の文化の交流が推測される。

——————学会・研究会ほか——————

日本考古学協会昭和62年度大会　10月24日（土）から26日（月）まで，岡山大学を会場に開催され，月の輪古墳，沼遺跡，佐良山古墳群などの見学会も行なわれた。
＜記念講演＞
鎌木義昌「瀬戸内地方におけるナイフ形石器研究史」
近藤義郎「楯築弥生墳丘墓と前方後円墳」
＜シンポジウム＞
「西日本のナイフ形石器文化」
（司会：平口哲夫・平井　勝）
兵庫県における最近の旧石器時代遺跡調査の動向
…久保弘幸・藤田　淳・山口卓也
岡山県北部の火山灰と石器群
…………鎌木義昌・小林博昭
中国地方西部におけるナイフ形石器文化の様相…………藤野次史
近畿地方中央部における国府石器群…………佐藤良二
九州地方における瀬戸内系石器群…………清水宗昭
「弥生墳丘墓と前方後円墳の成立」
（司会：東森市良・葛原克人）
中国山地の四隅突出型弥生墳丘墓について…………桑田俊明
出雲と吉備の交流……渡辺貞幸
総社市三輪宮山遺跡について
…………高橋　護
大和中山大塚古墳とその周辺の前期古墳……石部正志・宮川　徏
墳丘の形態と方位からみた弥生墳丘墓と前方後円墳……北條芳隆
古式前方後円墳の使用石材について…………宇垣匡雅
特殊器台形埴輪の諸問題
…………高井健司

昭和63年度総会は4月30日～5月2日，大宮市の埼玉県産業文化センターにて開催される予定

八幡一郎氏（元東京教育大学教授）10月26日，心筋梗塞のため東京・武蔵野市の秀島病院で死去された。85歳。氏は明治35年長野県生まれ。東京大学理学部人類学科卒業。東京国立博物館考古課長，東京大学講師，東京教育大学教授，上智大学教授などを歴任。氏の研究は縄文文化を中心とした考古学に加えて民族学・民俗学など多方面にわたる広く深いもので，いわば人類学的視野に立っていた。さらに昭和36年には藤田亮策氏のあとをうけて日本考古学協会委員長もつとめた。著書に『日本石器時代文化』『日本の石器』『日本史の黎明』『日本民族の起源』（共著）『日本文化のあけぼの』『新版考古学講座』（編著）『八幡一郎著作集』などがある。

■第23号予告■

特集　縄文と弥生を比較する

1988年4月25日発売
総112頁　1,800円

総　論……………………乙益重隆
縄文と弥生の境
　九州・畿内……………橋口達也
　東北日本………………須藤　隆
　弥生文化に残る縄文的要素……橋本澄夫
縄文と弥生
　自然環境………………辻誠一郎
　生業Ⅰ（狩猟・採集）………桐原健
　生業Ⅱ（漁撈）………馬目順一
　土　器…………………石川日出志
　石　器…………………山口譲治
　木製品…………………黒崎　直
　武　器…………………東　潮
　住居と集落……………宮本長二郎

信仰関係遺物……………井上洋一
墓　制……………………田代克己
人　骨……………………内藤芳篤

＜連載講座＞　日本旧石器時代史　8
　　　　　　　　　　…………岡村道雄
＜講　座＞　考古学と周辺科学　11
　　　　地形学…………上本進二
＜調査報告＞
＜書　評＞
＜論文展望＞
＜文献解題＞
＜学界動向＞

編集室より

◆あけましておめでとうございます。22号，都城の特集をお届けいたします。新年にふさわしい，何か夜明けを連想させるのは，日本国家の完全成立を，この都城が示しているからでしょうか。飛鳥から平安まで，ここには，都城の意義の再検討から始まり，発掘の成果を十分に生かした，古代人の生活復元までも試みています。ことに，現実に残された遺構・遺物からいきいきと再現される古代人の生活振りは，文献にはみられない具体性と魅力を伴っています。考古学研究・愛好家ばかりでなく，広く利用されるものと自負しています。　　　　　（芳賀）

◆ごく最近に限っても，上之宮遺跡や小墾田宮，石神遺跡，さらには仁徳天皇の難波高津宮かとされる遺構など，注目すべき発掘が相ついでいる。しかし，多くの宮跡の中でも確定されたものはごくわずかであり，規模や性格など不明の部分はなお多く残されている。都城の建設は確かに国家の威信をかけた大事業だったと思われる。当時の技術のすべてを結集し，しかも短期間でやりとげなければならなかった。本特集から，これまでの多くの研究成果を読みとっていただければ幸いである。　　　（宮島）

本号の編集協力者──町田　章（奈良国立文化財研究所技官）

1939年香川県生まれ，立命館大学大学院修了。「装身具」（日本の原始美術）「平城京」「古代東アジアの装飾墓」「古代帯金具考」（考古学雑誌56─1）などの著書・論文がある。

■ 本号の表紙 ■
鳳凰文鬼瓦

　奈良時代の鬼瓦にあっては鳳凰を表わした稀な例である。鳳凰は顔を左に，身を正面に向けて両脚で立ち，両翼を大きく広げる。表現は細かく，目，嘴，鼻孔，肉髻などをあらわす。頸には数条の帯をめぐらし，身は菱形の羽で覆う。翼は基部に渦文状の飾りをつけ，これにつづけて勢よく羽がのびる。尾の一部は頸の右方にみえ，その先端は房状になり，顔の周囲の空間をうめる。鳳凰がとまる枝は細く鋭くのびる唐草文となり，両翼の下をうめる。顔の下には留孔（径1.9cm）がある。いまにも飛びたとうとする躍動感を力強く，かつ繊細に表現したこの鳳凰は，奈良時代の鳳凰を代表するものといえよう。平城宮内裏の北外郭から出土。復原高39.0cm。（写真は佃幹雄氏撮影，奈良国立文化財研究所提供）　（小林謙一）

▶本誌直接購読のご案内◀

『季刊考古学』は一般書店の店頭で販売しております。なるべくお近くの書店で予約購読なさることをおすすめしますが，とくに手に入りにくいときには当社へ直接お申し込み下さい。その場合，1年分の代金（4冊，送料は当社負担）を郵便振替（東京3-1685）】または現金書留にて，住所，氏名および『季刊考古学』第何号より第何号までと明記の上当社営業部までご送金下さい。

季刊　考古学　第22号　　　1988年2月1日発行

ARCHAEOLOGY QUARTERLY　　　定価 1,800 円

編集人　芳賀章内
発行人　長坂一雄
印刷所　新日本印刷株式会社
発行所　雄山閣出版株式会社
　　　　〒102　東京都千代田区富士見 2-6-9
　　　　電話　03-262-3231　振替　東京 3-1685
（1988年1月より1年半の間は次の住所です。〒162　東京都新宿区白銀町20）
　　ISBN 4-639-00700-0　printed in Japan

季刊 考古学 **オンデマンド版** **第 22 号** 1988 年 2 月 1 日　初版発行

ARCHAEOROGY　QUARTERLY　　　　　　　　　　　2018 年 6 月 10 日　オンデマンド版発行

定価（本体 2,400 円 + 税）

編集人	芳賀章内
発行人	宮田哲男
印刷所	石川特殊特急製本株式会社
発行所	株式会社 雄山閣　http://www.yuzankaku.co.jp
	〒 102-0071　東京都千代田区富士見 2-6-9
	電話 03-3262-3231　FAX 03-3262-6938　振替　00130-5-1685

◆本誌記事の無断転載は固くおことわりします　　ISBN 978-4-639-13022-2　Printed in Japan

初期バックナンバー、待望の復刻!!
季刊 考古学 OD　創刊号〜第 50 号〈第一期〉
全 50 冊セット定価（本体 120,000 円＋税）　セット ISBN：978-4-639-10532-9
各巻分売可　各巻定価（本体 2,400 円＋税）

号　数	刊行年	特　集　名	編　者	ISBN（978-4-639-）
創刊号	1982 年 10 月	縄文人は何を食べたか	渡辺 誠	13001-7
第 2 号	1983 年 1 月	神々と仏を考古学する	坂詰 秀一	13002-4
第 3 号	1983 年 4 月	古墳の謎を解剖する	大塚 初重	13003-1
第 4 号	1983 年 7 月	日本旧石器人の生活と技術	加藤 晋平	13004-8
第 5 号	1983 年 10 月	装身の考古学	町田 章・春成 秀爾	13005-5
第 6 号	1984 年 1 月	邪馬台国を考古学する	西谷 正	13006-2
第 7 号	1984 年 4 月	縄文人のムラとくらし	林 謙作	13007-9
第 8 号	1984 年 7 月	古代日本の鉄を科学する	佐々木 稔	13008-6
第 9 号	1984 年 10 月	墳墓の形態とその思想	坂詰 秀一	13009-3
第 10 号	1985 年 1 月	古墳の編年を総括する	石野 博信	13010-9
第 11 号	1985 年 4 月	動物の骨が語る世界	金子 浩昌	13011-6
第 12 号	1985 年 7 月	縄文時代のものと文化の交流	戸沢 充則	13012-3
第 13 号	1985 年 10 月	江戸時代を掘る	加藤 晋平・古泉 弘	13013-0
第 14 号	1986 年 1 月	弥生人は何を食べたか	甲元 真之	13014-7
第 15 号	1986 年 4 月	日本海をめぐる環境と考古学	安田 喜憲	13015-4
第 16 号	1986 年 7 月	古墳時代の社会と変革	岩崎 卓也	13016-1
第 17 号	1986 年 10 月	縄文土器の編年	小林 達雄	13017-8
第 18 号	1987 年 1 月	考古学と出土文字	坂詰 秀一	13018-5
第 19 号	1987 年 4 月	弥生土器は語る	工楽 善通	13019-2
第 20 号	1987 年 7 月	埴輪をめぐる古墳社会	水野 正好	13020-8
第 21 号	1987 年 10 月	縄文文化の地域性	林 謙作	13021-5
第 22 号	1988 年 1 月	古代の都城―飛鳥から平安京まで	町田 章	13022-2
第 23 号	1988 年 4 月	縄文と弥生を比較する	乙益 重隆	13023-9
第 24 号	1988 年 7 月	土器からよむ古墳社会	中村 浩・望月 幹夫	13024-6
第 25 号	1988 年 10 月	縄文・弥生の漁撈文化	渡辺 誠	13025-3
第 26 号	1989 年 1 月	戦国考古学のイメージ	坂詰 秀一	13026-0
第 27 号	1989 年 4 月	青銅器と弥生社会	西谷 正	13027-7
第 28 号	1989 年 7 月	古墳には何が副葬されたか	泉森 皎	13028-4
第 29 号	1989 年 10 月	旧石器時代の東アジアと日本	加藤 晋平	13029-1
第 30 号	1990 年 1 月	縄文土偶の世界	小林 達雄	13030-7
第 31 号	1990 年 4 月	環濠集落とクニのおこり	原口 正三	13031-4
第 32 号	1990 年 7 月	古代の住居―縄文から古墳へ	宮本 長二郎・工楽 善通	13032-1
第 33 号	1990 年 10 月	古墳時代の日本と中国・朝鮮	岩崎 卓也・中山 清隆	13033-8
第 34 号	1991 年 1 月	古代仏教の考古学	坂詰 秀一・森 郁夫	13034-5
第 35 号	1991 年 4 月	石器と人類の歴史	戸沢 充則	13035-2
第 36 号	1991 年 7 月	古代の豪族居館	小笠原 好彦・阿部 義平	13036-9
第 37 号	1991 年 10 月	稲作農耕と弥生文化	工楽 善通	13037-6
第 38 号	1992 年 1 月	アジアのなかの縄文文化	西谷 正・木村 幾多郎	13038-3
第 39 号	1992 年 4 月	中世を考古学する	坂詰 秀一	13039-0
第 40 号	1992 年 7 月	古墳の形の謎を解く	石野 博信	13040-6
第 41 号	1992 年 10 月	貝塚が語る縄文文化	岡村 道雄	13041-3
第 42 号	1993 年 1 月	須恵器の編年とその時代	中村 浩	13042-0
第 43 号	1993 年 4 月	鏡の語る古代史	高倉 洋彰・車崎 正彦	13043-7
第 44 号	1993 年 7 月	縄文時代の家と集落	小林 達雄	13044-4
第 45 号	1993 年 10 月	横穴式石室の世界	河上 邦彦	13045-1
第 46 号	1994 年 1 月	古代の道と考古学	木下 良・坂詰 秀一	13046-8
第 47 号	1994 年 4 月	先史時代の木工文化	工楽 善通・黒崎 直	13047-5
第 48 号	1994 年 7 月	縄文社会と土器	小林 達雄	13048-2
第 49 号	1994 年 10 月	平安京跡発掘	江谷 寛・坂詰 秀一	13049-9
第 50 号	1995 年 1 月	縄文時代の新展開	渡辺 誠	13050-5

※ 「季刊 考古学 OD」は初版を底本とし、広告頁のみを除いてその他は原本そのままに復刻しております。初版との内容の差違は
　 ございません。

「季刊 考古学　OD」は全国の一般書店にて販売しております。なるべくお近くの書店でご注文なさることをおすすめしますが、とくに手に入り
にくいときには当社へ直接お申込みください。